대한민국을 살릴 번영의 지혜

부의 열쇠를 말한다

자유민주주의 & 시장경제 담론

대한민국을 살릴 번영의 지혜

부의 열쇠를 말한다

자유민주주의 & 시장경제 담론

논형

부의 열쇠를 말한다

초판 1쇄 인쇄 2020년 3월 28일
초판 1쇄 발행 2020년 4월 5일

지은이 민경두
펴낸곳 논형
펴낸이 소재두
등록번호 제2003-000019호
등록일자 2003년 3월 5일
주소 서울시 영등포구 당산로 29길 5-1 502호
전화 02-887-3561
팩스 02-887-6690
ISBN 978-89-6357-237-6 03320
값 17,000원

이 도서의 국립중앙도서관 출판예정도서목록(CIP)은 서지정보유통지원시스템 홈페이지(http://seoji.nl.go.
kr)와 국가자료공동목록시스템(http://www.nl.go.kr/kolisnet)에서 이용하실 수 있습니다. (CIP제어번호:
CIP2020012835)

경제논리가 아닌 자연과학의 눈으로 자유시장경제가 번영할 수밖에 없다는 원리를 담아낸 '부(富)의 열쇠-돈과 인간의 질서'(민경두 스카이데일리 대표, 791쪽)가 독자들의 이해를 돕기 위한 '저자와의 대화'를 추가로 담아 출간되면서 화제가 됐다. 독자들은 책을 통해 생명의 정밀한 질서 속에서 자유시장경제 역시 살아 숨 쉬며 역동하고 있다는 사실을 스스로 통찰하는 혜안을 갖게 됐다는 평가들을 내놨다. 그 속에서 돈은 단순한 화폐가 아니라 인간과 자연을 엮어주는 아주 소중한 '에너지 역학'으로 정의된 새로운 시각에 흠칫 놀랍다는 반응들을 보였다. 실제로 책은 돈과 경제 그리고 국부와 민부 등을 바라보는 전혀 다른 시각을 밀도있게 보여주고 있다. 이 같은 '부의 열쇠'에 담긴 내용을 기반으로 국내외 주요 이슈를 비롯한 인간과 삶 그리고 문화 등에 대해 이해의 공간을 넓힐 수 있는 장을 만들기 위해 저자와의 대화 후속편을 다시 책으로 엮었다. '부의 열쇠'에 담긴 자유민주주의&시장경제 담론을 부제로 담은 '민부론-민부전'은 부강한 국가를 만들고 국민이 더 잘 살 수 있는 방안을 현실적인 이슈와 주제들을 통해 명쾌하게 제시하고 있다.

차 례

[1]
정책현안

the key to wealth

(1) 반시장적 부동산

부동산 시장엔 통제되면 죽는 생명의 질서 꿈틀댄다
한국인 특유 사적 소유욕 통제시 역풍

"한국인들의 부동산에 대한 소유욕망은 매우 각별하다. 짧은 기간 고도성장을 해 오면서 쌓인 강렬한 사적 소유욕이 부동산에 온전히 깃들었다. 이 욕망이 불로소득이라는 정상적이지 않은 차별을 발생시키기도 했지만 전 세계 전무후무한 강력한 자유시장경제 번성의 토대로 작동하기도 했다."

Q-1. 부동산 시장이 불안하다. 오르는 지역은 가파르게 오르기를 멈추지 않고 떨어지는 지역은 날개 없이 추락하는 양상이 계속되고 있다. 이런 부작용을 어떻게 설명해야 하나.

A. 강한 핵력으로 붙잡힌 원자핵의 안정화가 만물을 존재하게 하듯 부동산 안정화는 마치 원자핵에 비유될 정도로 우리 경제에 매우 중요하다. 우리 국민들의 집착에 가까운 부동산에 대한 애착은 외견상 보이지 않고 만져지지 않지만 대한민국 사회의 기둥이 됐을 뿐만 아니라 우리 경제를 움직이는 질서의 중심이 됐다. 이런 욕망에 인위적인 메스를 가하면 당연히 혼돈이 온다. 나아가 부동산에 애착을 갖는 강한 사적 소유욕이 더 커지면서 혼돈이 확대된다. 집값이 상대적으로 비싼 부촌의 부동산 애착력은 더욱더 강력해진다. 그 결과가 부동산 시장의 불안을 야기한 현재의 모습이다.

Q-2. '서민의 정부'를 내세운 문재인 정부의 집값 안정 정책 기조를 틀렸다고 볼 수는 없지 않나. 서민들에게 혜택이 있는 부동산 정책은 선한 의지라고 보는데.

[원문] 자본주의 도덕률은 절대적 가치를 지닌 것이 아니라 하나의 자리에 있는 선악의 형상이 수시로 무한히 모양을 바꾸는 과정 또는 형식에 매번 특별한 의미를 부여한 것에 지나지 않는다. 기뻐하고 분노하며 사랑하는 등 하나의 선악에서 사람들은 제각각 자신만의 도덕률을 신기에 가깝게 도출하는 묘기를 부린다.

▶제2부 자본주의와 돈: 악마의 타락(1)

A. 투기세력을 근절해 집값을 안정화 시키고자 하는 주택정책은 서민들을 위한 올바른 국가정책이 맞다. 다만 투기와 투자를 넘나드는 인간의 욕망을 막강한 권력이라도 온전히 구분하기도 어렵고 완전히 막기는 더 힘들다. 이것이 실현 불가능한 서민 부동산 정책의 이상주의 본질이다. 대부분의 집은 투기도 투자도 아닌 경우가 많기도 하다. 집값에 도덕률을 들이댈 하늘의 소명같은 절대선은 없다. 생명의 질서 속에 있는 집값의 변동성에 악의 잣대만을 들이대 절대 선의를 찾으려는 그 자체가 투기욕과 투자욕을 되레 부추긴다. 그것을 알면서도 추진하면 권력욕에 빠져 국민을 속이는 행위이고, 그것을 모른다면 무능한 정권이다. 그럼에도 대중들에게 선악을 신기에 가깝게 도출하는 묘기를 부리면 언젠가 하늘의 형벌을 받는다.

Q-2-1. 부동산이 모든 사람들에게 귀한 만큼 취득, 소유, 매매 과정에서 이른바 불로소득 시세가 없어야 한다고 본다. 과도한 시세차익 등의 문제가 발생하지 않도록 일정 한도에서 부동산 시장을 통제하는 것이 맞지 않나.

A. 불법·위법한 행위는 당연히 감시하고 처벌해야 한다. 문제는 개별 행위들에 대한 감시나 처벌이 아니고 일정 지역의 숲 전체를 불 태우는 식으로 과도한 관리·감독을 하고자 하는데 있다. 투기지역 또는 투기과열지구 등으로 묶어서 융단폭격을 하는 식은 옳지 않다. 도둑 10명을 잡는 것 보다 한명의 억울한 사람이 나오지 않도록 하는 것이 상식적인 법 정의다. 집값이 오른다고 해서 사적 소유나 사적 자유를 묶어서 통제하는 것은 무더기로 억울한 사람을 양산해 내는 정권만의 도덕률이다. 그것이 계속되면 선의는 돌이킬 수 없는 악의로 변질된다.

Q-3. 조정대상지역, 투기과열지구, 투기지역 등의 부동산 정책을 모두 포기한다면 정부는 무엇을 하라는 것인가. 결과적으로 빈부를 조장하게 된다고 보는데.

[원문] 부자가 되고 더 큰 부자가 될수록 그들의 자유가 가난을 간과한다면 더욱 작아지고 끝내는 자신이 만든 부의 창살에 갇히고 만다. 돈의 역습은 가차없다. 돈은 일 가치의 소중함을 잃을 때 그 소유한 자에게 비참할 만큼 치명타를 가해 종국에는 가난의 나락에 떨어뜨린다. 돈을 경계하지 않는 무지함은 인간이 돈을 좌지우지 할 수 없다는 한계를 부정하는 오만함에서 나온다.
▶제3부 부자로 가는 길 : 가난에 빠지는 길(1)

A. 서민들을 위한 주택정책 깃발을 내건 정부의 부동산 정책이 오히려 빈부를 조장하고 있다. 현재 서울뿐만 아니라 전국 일원에서 벌어지고 있는 부동산 양극화 심화·확대의 원인이 무엇인지를 자문해보면 안다. 부동산은 한국의 자유시장경제를 일으킨 강력한 동인(動因)이라고 했다. 자유시장은 부동산 불로

소득을 유인도 하지만 가차 없이 버리기도 한다. 정부는 시장의 자율정화 기능을 믿어야 한다. 빈부는 시장의 질서가 판단하도록 하고 정부는 부에서 소외되는 계층을 돌보는 일을 하면 된다. 빈부의 요인이 된다고 해서 섣불리 부동산에 대한 사적 소유의 절대 심판관이 되고자 하는 발상 자체가 자연과 생명의 질서에 어긋난다. 사적 소유욕을 강력하게 붙들고 있는 부동산이 스스로 빈부의 심판관이 되도록 하는 것이 자유시장의 원리다. 실제로 시장원리에 맡긴 보수정권에서는 부동산 스스로 강력한 안정화 장치가 작동됐다.

Q-3-1. 지금 한강 이남 집값은 하늘 높은 줄 모르고 치솟는다고 해도 과언이 아닐 정도로 집값이 요동을 친다. 이를 두고 보아야 하나 아니면 잡아야 하는지.

A. 오름세를 보면 부촌1번지 서초 · 강남 · 송파 등 전통적인 강남3구를 넘어 인근 동작구와 강북의 마용성(마포 · 용산 · 성동)까지 확대되더니 지금은 서울 전 지역으로 확산 중에 있다. 부동산 양극화가 심화되고 있는 것이 틀리지 않다. 하지만 급할수록 돌아가라고 했다. 빙판길에서 차가 미끄러질 때 운전대와 브레이크 등에서 손과 발을 떼야 더 위험하지 않은 것과 같다. 이들 지역은 이미 통제 불능상태가 됐다. 미끄러운 빙판을 녹이는 근본처방이 필요하다. 이 방식은 문재인 정부의 성격에는 맞지 않겠지만 부자들이 강남과 서울을 벗어날 수 있는 부촌 택지를 전국 곳곳에 전략적으로 제공하는데 있다.

Q-4. 분양가 상한제를 통해 새로 태어나는 집(재건축)들의 가격을 통제하면 부촌의 집값을 잡는 효과가 있다고 보는 것이 현 정부다. 그런데 분양가 상한제의 후폭풍이 역으로 집값을 올리는 단초는 무엇이라고 보는지.

[원문] 돈이 갖고 있는 신성의 가치는 인간과 상호작용하는 특성 때문에 인간이 만들어 낼 수도 있고 인간이 끌려 다닐 수도 있다. 자유시장에서 돈을 긍정성으로 유도하기 위한 힘은 소유의 방식이 정해진 것이 없다는 강력한 각오에서 출발한다.

▶제5부 돈의 미학 : 신의 돈(1)

A. 부동산에 대한 강한 소유욕은 인간의 신체적 생명을 유지하고자 하는 욕구 못지않을 정도로 크다. 이는 이성이고 감성이며 영혼을 지향하기까지 한다. 이들 에너지는 눈에 보이지 않는다. 분양가 상한제는 눈에 보이지도 잡히지도 않는 거대한 의식 에너지를 작은 울타리 안에 가두겠다는 발상이다. 이는 양의 울타리에 거대한 육식 공룡을 가두는 것과도 같은 일이다. 도무지 통제하기 힘든 힘을 가두겠다는 것은 태양을 품겠다는 과욕과 다름이 없다. 한국경제에서 부동산은 개인에게 가장 큰 힘을 발휘하는 돈과 같다. 이 돈은 신적 권능을 자랑할 정도로 큰 힘을 가졌다. 대한민국 모든 국민의 열광적인 소유욕이 부동산을 그렇게 만들었다. 인간이 만들어 낸 부동산이 인간을 잡아두고 있는 형식이다. 따라서 자유시장경제에서 부동산 소유방식은 인위적으로 정해지는 방식이나 룰을 최대한 제거해야 한다. 분양가 상한제는 소유방식을 가장 극명하게 정하고자 하는 욕심이다. 육식 공룡은 이 울타리를 가차 없이 탈출해 인간을 공격한다.

Q-5. 인구 급감에 따른 부동산 거래절벽과 그로인한 불황 전망이 나오는가 하면 급등지역이나 급추락 지역서도 역시 비슷한 관측이 나온다. 부동산 시장의 대혼돈이 오는 것 아니냐는 우려가 나오고 있는데.

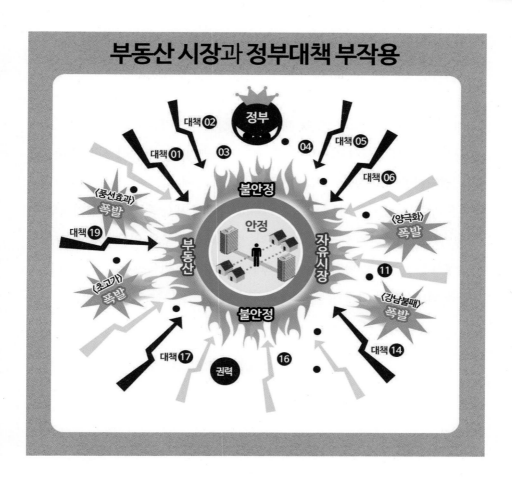

부동산 시장과 정부대책 부작용

[원문] 이념은 사랑과 이타성으로 그럴듯하게 포장하지만 요란한 빈 수레처럼 겉만 그럴듯한 논리의 보자기를 씌운다. 이기성과 이타성을 하나됨의 원리로 보면 인간의 특권인 자기형상을 현재형으로 알아채는 것이 가능해지게 된다.

▶제4부 부자로 남는 길 : 인간의 전지전능(1)

A. 코스모스(cosmos)는 초정밀 우주라는 뜻을 갖고 있다. 그만큼 우리가 사는 우주(宇宙)는 '집의 집'이란 의미처럼 초정밀 에너지 역학이 작동하지 않으면

존재하지 않는 소중한 생명의 공간이다. 그런데 우주는 동시에 무질서한 카오스(혼돈)의 세계이기도 하다. 부동산 시장도 우주처럼 혼돈 속에서 인간의 수많은 욕망이 정밀하게 조정되는 곳이다. 부동산은 그 욕망을 붙들면서 키우기도 해 경제동력이자 기둥역할을 한다. 이를 상기하면 작금의 혼돈에 대한 해법이 나온다. 현재 상황이 지속되면 전 국민이 가난해지는 부동산 시장의 대혼란이 예견되지만 그 혼란을 막을 방법이 카오스 속에 있는 아이러니다. 권력이 국민을 무한 사랑하듯 하는 태도를 버리고 국민의 재산권을 절대 불가침의 신성 영역으로 간주하는 태도가 그것이다. 방관자적 태도로 인한 혼돈이 부동산 시장에서 일상적으로 일어나겠지만 또한 정돈되기를 반복한다. 반시장적 자기모순을 이타성으로 가릴 때 부동산 시장의 대혼돈은 피할 수 없다.

(2) 친노동·반기업

친노동 편향적 복지환상에 가난 내몰리는 서민 · 근로자
주52시간제 속엔 약자위기 자초한 부메랑

"자본시장에서 일은 자유를 기반으로 할 때 부가가치를 더 많이 낸다. 일의 자유는 곧 노동 유연성의 다른 말이다. 각 개인의 노동이 국가에 의해 인위적으로 통제되면 일시적으로 좋아보이지만 기업은 물론 개인도 치명타를 받는다."

Q-1. 우리나라는 전 세계적으로 전무후무하게 가장 가난한 빈국에서 가장 빠르게 부유해져 선진국 진입을 압둔 압축성장을 이룩한 모범국가로 꼽힌다. 그 역동적인 동력이 지금 꺼지려 하는 이유가 무엇이라고 보는지.

[원문] 중력의 힘이 수천조분의 1만 달라져도 우리 우주는 존재할 수 없다. 그 중력이 곧 극초정밀의 시스템 에너지 중 하나다. 끝없는 임계 에너지의 발현은 마치 태어나면서부터 죽음에 직면해 있는 생명과 유사하다. 인간을 비롯한 모든 생명의 죽음은 가장 강력한 생명으로의 동인(動因)이 되는 역진성이 통한다.

▶부의 열쇠 - 제1부 에너지 얼개 : 공간 속 에너지(1)

A. 결핍의 임계점은 죽음이 아니고 성장과 결실의 강력한 동력이다. 인간에게 자유만 주어진다면 극적인 결핍일 수록 살고자 하는 생명 에너지를 극적으로 키운다. 이는 우리 우주가 극적으로 위험한 상태에서 초정밀로 움직이고 있듯이 자연의 동식물 모두가 갖고 있는 생명의 질서다. 우리는 극도로 가난했지만 그 가난을 삶의 동력으로 삼아 가난을 넘어 왔을 뿐만 아니라 드라마틱한 성장으로 부자나라에 근접했다. 결핍의 임계점은 늘 위험하지만 그 위험을 마주하며 두려움을 이겨내는 습관을 쌓을 때 좋은 운명이 만들어진다. 따라서 결핍의 임계 에너지가 떨어지면 가난으로 추락한다. 우리는 선진국이 되려면 여전히 결핍한 임계선상에 있어야 함에도 불구하고 지금 그곳에서 보란듯이 걸어 나오고 있는 중이다. 대한민국의 역동하는 경제동력이 꺼져가고 있는 이유다.

Q-2. 부자가 됐어도 계속 가난하게 살아야 한다는 말로 들린다. 어느정도 부유해 졌다면 부자 또는 국가가 빈곤함을 구제하고 다같이 잘 살 수 있는 사회적 평등의 공동선을 지향하는 것이 진짜 부유함의 길을 가는 것 아닌가.

[원문] 자본주의는 이기심의 교란현상으로 만들어진 이타심 에너지들이 발생하면서 공황의 위기를 이겨내 현란한 문명을 만들어 내고 자본주의를 지켜왔다. 자본시장은 극도의 전쟁상태 속에서 인간의 자유를 끝없이 시험하는 파동성이다.
▶부의 열쇠 - 제2부 자본주의와 돈 : 순환의 가치(2)

A. 인간의 이기심과 이타심은 마치 전기파와 자기파로 교란을 하는 빛(전자기파)과 유사한 에너지 역동성을 띈다. 이기심 속에 이타심이 일어나고 이타심 속

에 이기심이 발동한다. 이기심과 이타심을 하나의 역동하는 힘으로 봐야 한다. 따라서 교란(攪亂)은 스스로 흔들고(攪) 다스린다(亂)는 의미다. 서로 극적으로 다른 둘은 다르지만 하나로 움직이면서 서로를 필요로 한다. 시공간에 영향을 받지 않고 절대속도를 내는 빛의 원리가 이와 같다. 부자가 될수록 가난과 교란하지 않는다면 더 큰 부자가 되기 어려울 뿐만 아니라 부자로 남기도 힘들다. 부자나 부국이 됐다고 해도 가난한 출발점에 항상 서 있어야 한다. 그것이 역설적으로 상대적 빈곤을 더 구제하고 공동선에 가까이 가게 한다.

Q-3. 우리 사회는 여전히 고임금을 받는 사람들과 저임금 근로자들 간의 간극이 커 가난한 사람들은 노력을 해도 부자로 가기 어려운 사회적 구조가 있다. 인위적인 친노동 정책으로 부의 형평성을 위한 노력이 꼭 틀렸다고 보기 어렵지 않나.

[원문] 심성가치는 갈등이나 갈등의 소지 등을 잠재우는 것이 아니라 근본적으로 치유하는 세속계 정화의 과정이다. 그것은 도덕률의 안착이다. 동양의 수천년 항상성 에너지인 무위(無爲)는 '하지 않음'이 아니라 '모든 것을 하면서 하지 않음'이다. 최고 권력자는 하지 않지만 하지 않음이 없는 강력한 에너지 장의 중심에 있다. 심성가치는 무위의 한 형태다.
▶부의 열쇠 - 제2부 자본주의와 돈 : 악마의 타락(2)

A. 친노동 정책이 반기업 정서와 맞물려 돌아가는 것이 문제다. 자유시장도 하나의 보이지 않는 생명현상이기 때문에 인위적인 메스를 가할 때 다른 미지의 현상들이 함께 맞물리며 돌아간다. 마치 스테로이드제를 주사하는 것처럼 친노동을 주사해 사회적 평등을 실현하려 하면 반기업은 필연적으로 얽힌

다. 나아가 직접적 반기업 행보를 통해 친노동의 진정성을 부각시키려는 마력이 더욱 강해진다. 이 때 자본주의의 쌀인 이윤 창출량이 작아지거나 사라지기 시작한다. 따라서 인위적인 부의 형평성은 국가가 도덕률을 실천하는 전가의 보도 같지만 오히려 정반대인 악마의 굿판일 가능성을 높힌다. 무위(無爲)가 아닌 유위(有爲)를 하려하면 '하지 않음이 없는 것'처럼 보이지만 '되는 것이 없는 하고 있음'의 결과를 가져온다. 실제로 친노동에 따라 수반된 반기업 행보는 노동자들이 더 어려워지는 반노동의 결과를 가져왔다. 소득주도성장은 유위의 적나라한 에고이즘(자기만족)을 지향한다. 자신을 속이는 죄는 좀처럼 벗어나기 힘들다.

Q-4. 비정규직이나 낮은 저임금 근로자 등 상대적인 소외계층들을 구제해야 하는 것은 국가의 정의로움이자 의무라고 본다. 오히려 기득권층이 조직적으로 반발해 부작용이나 역효과가 나오는 측면도 있다고 보는데.

[원문] 자유시장에서 가난은 불가피한 패자들의 낙인이기에 해결을 해줘야 하는 공동체 윤리의식이 따라야 하지만 그 낙인마저 자유가 기반이 된 상황임을 전제한다면 가난을 지나치게 구제하는 식의 시장통제는 더 큰 가난을 더 많은 사람에게 선사할 위험성을 키운다. 가난의 인위적 구제는 정의와 반드시 상통하지 않을 뿐만 아니라 오히려 불의가 될 수 있다.

▶부의 열쇠 - 제3부 부자로 가는 길 : 힘의 쌍방향성(2)

A. 최저임금의 급격한 인상으로 휴머니즘을 추구했지만 서민들만 더 피폐해지는 반인간적인 민낯이 드러났다. 이를 보고 있으면서도 계속 유위에 빠지

면 국민 모두에게 형벌이다. 부작용의 결과가 기득권층의 반발 때문이라고 변명을 대면 그것을 예상하지 못한 무책임한 면피행동이다. 또 그들을 통제하지 못하고 있다면 무능이다. 계속 억척스럽게 붙들고만 있으면 소신으로 가장한 무소신이다. 자본주의에서 소외계층을 구제하는 방식은 먹여주는 것이 아니라 먹을 환경을 만들어 보다 많은 자유(규제혁파)를 주는데 있음은 주지의 사실이다. 자신의 무지로 인한 변명거리를 적폐로 만들어 교묘히 방어막을 치면 안 된다.

Q-5. 최저임금을 올리는 것이 틀렸다고 한다면 저소득자들을 위한 현실적인 구제방안은 무엇인가.

[원문] 자유시장의 에너지가 넘치도록 하되 긍정의 탐닉이 부정의 배타성으로 흐르지 않도록 유도하는 길목엔 국가나 사회 등 공동체가 아닌 경쟁자들이 서 있도록 해야 한다. 큰 탐닉이 확장성을 띠도록 경쟁자들에 대한 조직적 배치는 공동체의 권력을 필요로 한다. 국가는 경쟁을 유발하는 경쟁자들을 육성하는 시스템을 갖춰야 한다. 그것이 가까운 미래에 닥칠 국민 모두가 잘 사는 선진 부국의 기본 조건이다.
▶부의 열쇠 - 제4부 부자로 남는 길 : 원초적 탐닉성(1)

A. 서민들의 소득을 높힐 수 있는 직접적 방안은 국가가 세금을 과감히 줄이는데서 출발한다. 서민만 줄이라는 뜻이 아니다. 부자와 서민 모두 세금을 형평성 있게 줄여 국방과 인프라 등의 공공예산은 늘리되 이른바 퍼주기 역량은 대폭 줄여야 한다. 작은 정부가 만들어지면 개인의 욕망과 이기심 등 탐닉성이

커질 환경이 유도된다. 시장에서는 경쟁이 더 격화되고 혼란이 반복되지만 그 럴 수록 기회(부의 소스)가 다양해지는 것을 지켜보는 인내가 작은 정부다. 경 쟁은 시장에서 이윤을 키우는 물로 봐야 한다. 이 물을 논의 물처럼 잘 관리해 야 한다. 이 물이 저소득자 스스로 구제하는 시스템을 성숙시킨다. 사회적 부 가 늘어나면 다시 세금이 증대되면서 국부가 창출된다.

Q-6. 주52시간제 등 노동시간 단축을 통해 근로자의 여유로운 삶을 지향하는 정책이 시장과 기업에서 많은 혼란을 불러오고 있다. 근로복지를 위해 추진될 당위성은 있다고 보지만 개선해야 할 방안이 있다면.

[원문] 시장은 일을 하지 않을 수 없는 것이 아니라 일을 하도록 자발적 당김의 힘을 복잡한 길을 선택하는 과정에서 제공해 준다. 사회적 소외감과의 끝없는 대치상황이 그 선택 속에 묻히기를 반복한다. 이런 시장에서 자존감이 확대되 는 네트워크형 거인으로 거듭날 때 질서의 축인 시장의 부가 몰려온다.
▶부의 열쇠 - 제5부 돈의 미학 : 경험의 가치(2)

A. 노동시간을 인위적으로 통제해 소위 '저녁이 있는 삶'을 만들겠다는 것은 언뜻 듣기에 좋아 보이지만 낭만적이기 그지없는 환상이다. 자연의 질서에서 생명의 본능은 본래 자발적이고 주체적이다. 길이 복잡할수록 길을 찾기는 어 렵지만 선택하는 능력이 커진다. 신체적 생명 못지 않은 사회적 소외감이 선택 의 능력을 키우는데도 일조한다. 기업들의 브랜드 광고나 제품 포지셔닝이 사 회적 소외를 유발하는 구매본능의 자극인 것처럼 이에 구속되기를 거부하는 치열한 자존감 전쟁에서 일하는 시간은 절대 인위적으로 정해질 수 없다. 일하

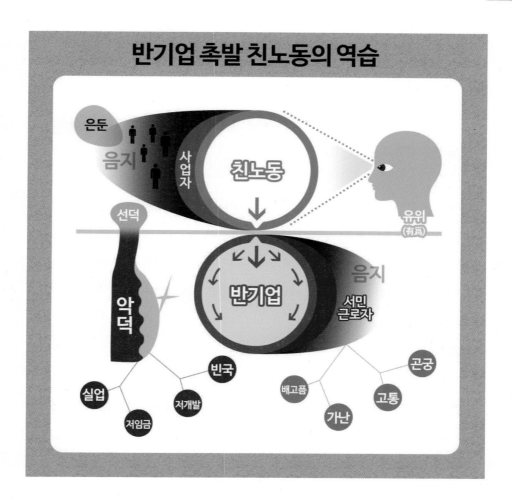

고자 하는 주인의식과 적당히 하고자 하는 노예정신이 매순간 치열하게 마주
해 조응할 때 앞서 이야기한 스스로 다스리는 교란 현상이 일어난다. 교란은
인위성이 가미되지 않은 에너지 역동성이다. 이 힘이 커질수록 더 많은 노동
유연성이 수반된다. 노동시간을 법으로 강제하기 이전에 기업들 스스로 근로
복지를 향상시키는 길을 유도하는 것이 그래서 우선이다. 노동 유연성 정책을
전 정권에서 하고자 했지만 문재인 정부 들어 완전히 돌려 버렸다. 개선방안은

기업 또는 업종별로 근로시간을 탄력 운용하는 방안을 면밀히 다시 짜야 하는 것이 당연한 수순이라는 점이다.

Q-7. 노동시장의 유연성을 제고한다고 해도 이른바 갑질 행위만 커지고 효율성이 더 떨어질 개연성은 없는가.

[원문] 자본시장의 자유는 공동체의 자유 반대편에 있지 않다. 두 자유는 하나이며 하나의 공간에서 움직인다. 둘을 분리하며 정의를 내세운 투쟁은 저급한 권력에의 의지 그 이상도 이하도 아니다. 자신만을 위한 유아독존의 권력에 의지한 선전선동이다. 이 힘은 휴머니즘 이데올로기라는 화려한 옷을 걸친 채 시장을 훼손한다.

▶부의 열쇠 - 에필로그 : 자유와 부와 권력(2)

A. 기업이 근로자들을 상대로 생산성·효율성을 끌어 올리기 위한 노력을 평가할 때 그것이 갑질인지 정당한 관리인지를 판결하는 절대적 기준은 없다. 상황에 따라 수없이 다양한 시각과 해석이 있을 수 있기 때문이다. 심지어 동일한 사건도 다른 시각이 많다. 자유시장에서 갑질이란 말을 특정행위에 규정하고자 하는 것 자체가 편향적이고 이념적 잣대일 수 있다는 것이다. 주52시간제도 마찬가지다. 근무시간만으로 선악의 이분법이 적용돼 기업 차원 관리의 어려움이 가중되면 근로자들은 스스로 주체적 능력을 키우는데 자연스럽게 인색해진다. 부지불식 노예의식을 자가발전하기까지 한다. 공동체의 자유는 선해 보이지만 자본시장의 자유는 악해 보인다는 것이 근본적으로 착시효과라는 것을 받아들여야 한다는 뜻이다. 자본주의와 사회주의 역사를 보면 노동 유연

성인 후자의 자유가 노동 경직성인 전자의 자유를 이기고 이끌었다. 노동복지가 꼭 선하지 않은 결과를 가져온다면 그런 정책은 약자의 목숨을 위협하는 부메랑으로 되돌아 온다. 노동자들에게는 매우 섬뜩한 진리가 주52시간 강제 시행 깊숙한 곳에 웅크리고 있다.

(3) 현금복지

악한 돈이라 외치며 착한 듯 뿌린 대가 '돈의 대역습'
자유시장 공동선 서린 돈 이율배반 이용

"돈을 단순한 화폐로 보면 안 된다. 인간의 생명 에너지와 치밀하게 얽힌 에너지(부가가치)로 보아야 한다. 돈을 번다는 이기심이 아니라 돈이 타인을 위해 자신에게 일을 시킨다는 이타심으로 보면 돈은 인류의 공동선이 응집된 엄청난 에너지를 지녔다. 돈의 이 같은 선한 신성을 간과한 채 이기심을 자극하는 포퓰리즘 등에 함부로 쓰면 가난 · 쇠락 · 망국 · 죽음 등 돈의 대역습이 닥친다."

Q-1. 문재인 정부가 들어선 지난 2017년 이후 이른바 현금성 복지 지원금액이 눈덩이처럼 불어나고 있다. 국민들은 수급자 입장에서 나쁠 것이 없지만 정작 그 돈은 국민들이 낸 혈세다. 현금성 지원은 결국 전형적인 혈세낭비라는 비판이 많은데.

[원문] 재화에 내재된 경제적 부가가치와 가격에 입혀진 양심의 창조적 가치가 곧 도덕률의 양대 기둥이다. 인간의 노동 에너지로 이뤄진 모든 재화와 상품은 높은 이타적 가치를 갖고 있어 그 매개가치인 돈은 신성함의 근본 가치를 실현할 기질을 갖고 있다.

▶부의 열쇠 - 프롤로그 : 생명과 돈의 가치(2)

A. 돈은 특정인에게 소유되는 개념이 아니고 '분산'의 개념이라는 것을 유념해

야 한다. 더 정확히 표현하면 '순환'을 통한 분산이 돈의 실체다. 순환의 바퀴가 클수록 자신은 물론 모든 사람에게 이롭다. 이는 사람이 돈을 돌리고 그 돈이 사람에게 일을 시키는 동인(動因)을 만드는 가운데 경제적 부가가치가 탄생하는데 있다. 이런 부가가치 축적의 과정이 순환을 반복할 때 개인의 부(富)가 커지고 경제가 성장해 국부 역시 창출된다. 돈은 곧 인간과 치밀하게 얽혀 있는 삶의 동력이다. 이 순환에서 가격은 부가가치를 정밀하게 유도해 준다. 이같은 돈의 신성과 도덕률을 허물어뜨리는 것이 공짜로 나누어 주는 현금성 복지의 실체라고 보면 된다.

Q-2. 마치 돈은 본래 신성하고 이타적이지만 인간이 잘못 다뤄 악마적이고 이기적인 본성이 드러난다고 이야기 하는 것 같다. 하지만 국민들의 삶에 꼭 필요한 현금성 지원이라면 선하고 이타적인 것 아닌가.

[원문] 자본주의는 절대성의 대칭에 선 현상계의 결핍을 상징하는 얼굴이다. 자본주의 속에 웅크린 돈의 무대는 진짜이기도 하고 가짜이기도 하다. 이율배반의 변증운동은 늘 임계 에너지의 순환이고, 그 임계치의 지속이 바로 우리가 하루하루를 치열하게 사는 현실이다. 우리 삶의 현실이 힘든 이유는 이런 에너지 역학이 작동하기 때문이다. 힘든 일을 하는 것은 생명의 축복에 촛불을 켜는 일이다.
▶부의 열쇠 - 제1부 에너지 얼개 : 시간 속 에너지(2)

A. 어렵게 사는 국민들에게 꼭 필요한 맞춤형 복지는 필요하다. 하지만 지금의 현금복지는 가히 무차별적이다. 2017년 22조원이던 현금복지 규모가 2018년 28조2000억원으로 급증한데 이어 2019년에는 불과 2년여 만에 두 배 가까이

폭증한 40조5600억원에 달한다. 여기에 전국 지자체들의 현금 지원액까지 합산하면 무려 41조7600억원이나 된다. 종류도 일일이 헤아리기조차 어려울 정도로 많아졌다. 국민들 사이에서는 놀아도 현금성 복지 설계만 잘하면 사는데 지장이 없다는 말까지 회자된다. 일하지 않고 공돈을 받아 생활하고자 하는 의식은 부가가치라는 경제적 도덕률의 이타적 울타리를 벗어나는 것일 뿐만 아니라 타인의 결실을 도둑질 하거나 강도짓 하는 행위와 다를 바 없다.

Q-3. 현금성 복지 예산이 1년 국방 예산과 맞먹을 정도라고 하니 놀랍다. 정부가 현금 지원의 문제점을 알고도 유턴하지 않고 있다면 그 이유는 무엇이라고 보는지.

[원문] 생명을 이루는 수많은 직능들의 발현은 도덕률의 가치 실현 과정이다. 생명현상이 가장 세속적인 삶이라고 해도 그것의 존엄성과 가치성을 폄훼하는 분명한 논거는 없어야 한다. 이 같은 존엄한 생명유지 장치의 첨병이라고 할 직업과 돈의 가치 또한 그 범주 안에 있다. 돈은 유전자 설계도처럼 치밀하고 정밀한 책임감을 운용한다. 현상계에서 가족, 기업, 사회, 국가의 근본을 이루는 가치의 실현이라는 신성의 본태성을 지녔다.
▶부의 열쇠 - 제1부 에너지 얼개 : 시공간의 무한성(2)

A. 국민적 표심을 얻으려는 정치적인 욕심이 당연히 있겠지만 돈의 에너지 역학적 의미를 잘 모르기 때문이라고 간주하고 싶다. 돈은 우리가 사는 시공간(3차원+시간차원)에서 일종의 가속운동을 하며 순환한다. 순환이나 파동운동 자체가 가속운동이다. 지구처럼 행성이나 천체의 힘이 미치는 중력계에서는 가만히 있어도 중력에 저항하는 가속운동 상태에 있다. 모든 생명현상이 가속운동

이라는 것이다. 그것이 일의 정체다. 일이 가치를 키워갈 때 돈이 된다. 만약 그 반대의 현상이 일어나면 인간이나 생명에겐 죽음이다. 개인이든 가정이든 그리고 기업이든 적자는 곧 죽음과 같은 말이다. 이를 몸으로 격렬히 느낄 수 없다면 설사 안다고 해도 아는 것이 아니다. 돈은 크든 작든 누군가의 목숨 값을 담보로 탄생된다는 것을 몸으로 느낀다면 쉽게 나눠주거나 공짜로 주기 힘들다. 돈 자체가 치열하게 얽혀있는 공동선이기 때문이다. 문재인 정부는 그 반대행위를 선의라고 보고 있으니 악의 유혹에 빠졌다고 하지 않을 수 없다.

Q-4. 역대 어느 정부도 일정 부분 현금복지 정책은 있었다. 문재인 정부 하에서 구체적으로 어떤 부분의 현금 지원이 이른바 '살포성' 성격을 띠었는지.

[원문] 돈의 가치질서에 따라 인간은 자유시장을 누리며 살지만 엄밀히 비자유의 자유가 드리운 보이지 않는 창살 속에서의 삶이다. 매시매초 불안을 들깨우는 자유이기에 이기심은 극적 탐심으로 발아되기 쉬운 환경이다. 이런 탐심은 자유시장의 부작용인 사기, 도둑, 강도 등을 유발하고 있다. 돈을 번다는 개념이 순환을 촉발하지만 그 응집력이 지나치게 강할 때 자유시장을 자발적으로 억압하는 일이 발생한다.
▶부의 열쇠 - 제2부 자본주의와 돈 : 자본의 응집력(1)

A. 살포성이라는 말은 돈을 효용가치 없게 쓴다는 의미다. 그 금액이 당연히 크지만 작아도 낭비성 · 전시성 · 일회성 지원이라면 살포로 봐야 한다. 대표적인 것이 구직급여와 일자리 예산이다. 이들 예산은 적게 뿌리든 많게 뿌리든 도무지 효과가 없는 상황이다. 그럼에도 예산을 마구 늘리고 있는 것은 자유시장의

자유인들을 창살에 가두는 것과 다르지 않다. 이는 이기심을 탐욕으로 키워 돈의 부가가치 공동선 시스템을 망가뜨린다. 권력이 자유시장을 억압하는 주역까지 하고 있으니 국가적 자살행위다. 구직급여는 2017년 5조2255억원이었으나 3년만인 2020년에 9조5158억원으로 두 배 가까이 급증했다. 일자리예산 또한 같은 기간 10조원이나 급증한 25조7696억원에 이른다. 직접 일자리 예산도 약 3조원에 달해 두 배 늘었다. 하지만 일자리가 줄고 실업자가 늘어나는 기현상이 계속되고 있다. 일자리 밭인 자유시장이 황무지로 변해간 영향이 크다.

Q-5. 각종 장려금, 보조금, 축하금, 지원금 등의 비(非)기여형 현금성 지원도 확대돼 왔다. 복지국가의 기초를 닦으려면 필요한 예산이지만 논란이 많은 것은 어떤 이유로 보는가.

[원문] 세상의 모든 아름다움은 거슬러 올라가는 주인을 찾는 과정이고, 그것이 예술을 만든다. 에너지의 들고 나감 속에서 항상성 에너지를 간직하고 느끼는 것을 통해 받을 수 있는 나의 형상이 아름다운 꽃으로 보일 때 부의 기운이 작동하는 원리다.
▶부의 열쇠 - 제3부 부자로 가는 길 : 초에너지 법칙(2)

A. 생명은 거슬러 올라가지 않으면 자신의 존재감이 사라지는 원리를 잘 봐야 한다. 작금의 지원방식은 흘러내려가 이내 사라지게 한다. 생명현상이 가속운동의 지배를 받고 있다고 했듯이 돈 또한 생명과 함께 얽혀 역동하는 시스템을 늘 응시해야 한다. 역동성에 도움이 되지 않는 소위 비(非)기여형으로 지원되는 부분이 2019년에만 70여개에 달한다. 전국 17개 광역 자치단체까지 합치

면 수백개나 된다. 하지만 이들 예산들이 소기의 효과를 거두지 못했다면 외견
상 꼭 쓸 곳에 썼다고 해도 사실상 엉뚱한 곳에 날린 것이라고 인정하는 태도
가 매우 중요하다. 복지국가일수록 강력한 자유시장 시스템 속에 있다. 복지
예산은 강한 자유시장경제의 기반을 만드는 효율을 내야 한다. 현재 복지예산
이 이 역할을 잘 해내지 못하고 있다.

Q-6. 일자리와 함께 심각한 저출산 문제를 해결하기 위한 자금 등은 꼭 써야 할 곳에 쓴
　　다고 본다. 일자리나 저출산 예산 효율성 제고 방안은 없을까.

[원문] 정의를 결실로 끝맺음을 할 수 있다고 선언하고 칼을 드는 것 자체가 대
부분 허위다. 정의는 끝없이 항진하는 과정의 가치에 녹아들어 있다. 요행은
없고 사행도 있을 수 없는 과정의 정의감이 옹립될 때 수없는 해석의 결실을
전제한 도덕이 하나의 기둥으로 선다. 이 기둥에 에너지를 넣어 항상성으로 유
지되도록 하는 것이 양심이다.
▶부의 열쇠 - 제4부 부자로 남는 길 : 과정의 가치(1)

A. 당연히 효율을 내거나 높이는 방안이 있지만 그 길을 찾는 노력을 하지 않
는 것이 문제다. 근로장려금이나 청년내일채움공제 등 일자리 관련 예산과 아
동수당, 양육수당, 다자녀지원금 등 저출산 문제를 해결하기 위한 직ㆍ간접
예산 등을 보면 언뜻 보기에 효과가 날 것처럼 보인다. 하지만 초지가 없는 목
장에서 소를 키우려는 욕심만 앞섰다. 이는 풀 없이 소를 키우려 했기에 양심
의 문제다. 소가 뜯을 수 있는 풀을 키워주는 일이 당연히 우선이라는 것이다.
기업활동에 제한을 가하지 않는 노동유연성의 자유시장을 확대해 가는 것이

초지를 만드는 시작이다. 이를 계속 유지하는 것이 '과정의 가치'다. 과정 자체가 목적이 되는 자유시장 시스템에서 소(기업)들이 뜯을 풀(이윤)들이 많이 난다. 사회주의 방식은 거꾸로 소가 죽을 줄 알면서도 잘 자라는 초지조차 말라죽게 만든다. 지금과 같은 방식의 일자리 · 저출산 예산지출은 치명적 독일 뿐이다. 이 독성을 빼면 효율이 제고된다.

Q-7. 우리보다 선진부국인 북유럽 국가들을 보면 현금성 복지를 시행하고 있지만 비교적 잘 정착된 것으로 평가된다. 우리나라도 장기적으로 복지국가 기반을 닦기 위해 현금성 복지가 필요한 것은 아닌지.

[원문] 사막의 오아시스는 생명의 희망을 주지만 막상 그 오아시스 속에 있는 생명들은 희망을 모른다. 두려움의 울타리에 있는 용기가 그와 같이 숨을 쉬면서 오아시스를 환상으로만 존재하도록 한다. 두려움을 깨고 일어난 지(知)와 행(行)이 어깨동무 할 때 오아시스는 온전히 사라지고 사막은 푸른 숲으로 변하는 기적이 일어난다. 돈은 그 기적의 중심에서 마치 살아 움직이는 윤리의 최전선에 있다.
▶부의 열쇠 - 돈의 미학 : 존경받는 사람들(2)

A. 언젠가 우리도 북유럽식 복지국가로 가는 것을 희망으로 해야 하는 것은 틀리지 않다. 하지만 국민들이 기꺼이 내는 많은 세금, 이 돈을 꼭 필요한 곳에 아껴서 사용하는 정부의 신뢰라는 두 가지 전제를 필요로 한다. 우리 국민들은 안타깝게도 세금을 기꺼이 많이 내려 하지 않고 정부가 사용하는 세금은 국민들로부터 늘 의심을 받는다. 그래서 우리에게 북유럽식 복지는 일종의 오아시스 환

상이다. 북유럽은 그들의 복지를 희망으로 삼지 않을 것이지만 우리에겐 북유럽식 복지 오아시스가 보인다. 그것이 환상이다. 우리는 용기를 갖고 이 오아시스 환상을 깨야 할 처지에 있다. 이 환상에 빠지면 사막에서 허우적거리다 개인도 국가도 위험에 처하게 된다. 대한민국은 그래서 용기라는 물이 필요하다. 이 물이 많으면 사막 전체를 푸르게 가꿀 수 있다. 기적의 경제를 이룬 우리 국민들의 특성은 복지환상이라는 옷이 맞지 않는다. 한국은 다른 방식으로 북유럽 복지를 능가할 수 있다. 그 방식의 기저에 강력한 한국형 자유시장이 있다.

Q-8. 우리나라는 현금성 복지를 앞으로도 하면 안 된다는 뜻인가.

[원문] 시장은 끝없이 가치의 상승을 만들어 가지만 절대자가 아닌 불완전한 유한자나 개별자를 원하는 방식이다. 개별자들의 존재는 자유의 무한성을 상징한다. 유한자는 사이 에너지를 타고 자유의 가치로 과실을 만들어 내는 창조의 신성 에너지를 갖고 있다. 따라서 개별자는 경계를 갖고 사이 에너지를 타면서 절대성을 동시에 지향한다.
▶부의 열쇠 - 그로테스크 노트 : 풀 먹는 맹수⑵

A. 정부가 복지를 통해 국민들의 안락한 삶을 보장하고자 하는 것은 옳다. 다만 우리의 처지를 직시해야 한다. 질량을 가진 물질이 속도가 빨라질수록 무한히 늘어나는 질량 때문에 빛의 속도를 내기 어려운 것처럼 복지를 계속 확대하려면 그에 걸맞는 복지비용을 무한히 확대해야 하는 딜레마가 존재한다. 이때 자유시장의 역동성이 떨어질 수 있는 것은 치명적인 위험요소다. 이 역동성은 수많은 경쟁환경에 따라 상대성을 띠기에 아무리 경쟁력이 있어도 경쟁상대를 이기지 못하면 무용지물이란 말과 같다. 이처럼 사회적 불완전 요소들이 오히려 자유시장의 자유를 키우며 역동한다. 보편적 복지가 이 틈에서 정의감을 외칠 수 있는 이유이지만 자유를 빼앗거나 제한하지 않으면 안 되는 상황을 만든다. 그것이 사람관계(人間)가 아닌 사람만을 내세우는 방식이다. 사람을 만드는 것은 사람 사이에서 이루어진다. 현금성 복지는 사람의 완성과 부가가치 생산을 저해해 차별과 비인간적인 분열의 사회를 더 조장한다.

(4) 친북외교

북한 해바라기 평화운전 속 섬뜩한 역천자 형벌 공포
전쟁 위기 키운 김정은에 갇힌 대한민국

"문재인 정부가 한반도에서 평화체제 구축이라는 운전자론을 자임하며 북한을 향한 맹목적인 해바라기성 외교를 억척스럽게 진행하고 있다. 이는 북한이 국제사회에서 인권탄압국이자 불량 독재국가 등으로 지탄받으며 엄중한 경제제재까지 받고 있는 것을 감안한다면 그들의 생존술책에 끌려 다니고 있는 것과 다름없다."

Q-1. 북핵 외교와 관련해 문재인 정부의 운전자론은 당초 한반도의 항구적 평화체제를 구축하기 위한 능동적 중재자 역할을 할 것이라는 기대가 컸다. 하지만 그 반대의 결과가 나타나고 있는 이유는.

[원문] 무한한 에너지 진용으로 동시에 나열된 나, 곧 개체성에 적용되는 무애의 법계가 곧 다른 공간이다. 무애의 법칙에 가상공간이 끼어들지 못한다. 무애(無礙) 속 무아(無我)의 공간에 존재를 내재하는 개체는 에너지의 무한 집중이 가능하고 무한 발산도 자연스럽게 이뤄진다. 무한이 많은 단 하나의 개체성들이 온 우주의 에너지를 저마다의 나로 모두 품고 있다.
▶부의 열쇠 - 제1부 에너지 얼개 : 공간의 탈출(1)

A. 북한과 북핵 문제는 한반도의 운명이 걸린 복잡한 외교적 역학이 작동하고

있을 뿐만 아니라 이들 현안들이 모두 그리 호락호락하지 않다는 것이 중요하다. 미·러·중·일 4강국의 이익이 복잡하게 얽혀 작은 사안이라도 하나의 현안은 수없는 변수를 만들어 낸다. 그 변수는 거미줄망처럼 연결돼 있다. 마치 특정한 시공간에 특정한 위치를 특징지을 수 없는 사건들의 연속(무애)이다. 이 속에서 경계를 구분하기 어려운 치밀한 이익들이 늘 거래되고 있다. 그 핵심에 북한과 북핵이 있다. 경계를 자유롭게 넘나들 줄 알아야 생존이 담보되는 운명의 정체가 현재의 한반도 준 전시체제다. 그런데 운전자론은 하나의 길을 선택해 가는 유아독존(唯我獨尊) 방식이다. 경계를 넘지 못하고 경계를 오히려 만들 수밖에 없는 운전을 한다. 두 갈래 길이든 아니면 수십 갈래 길이든 운전자의 선택에 의해 길이 정해지면서 불필요한 힘을 쓰면서 끊임없이 경계를 높인다. 대한민국이 특정 우리에 갇힌 채 빠져 나오지 못하는 운전을 하고 있다는 점이다. 중재자 역할은 고사하고 고립외교를 자초한 원인이다.

Q-2. 한반도에 평화체제를 항구적으로 구축하기 위해서는 당사자인 우리가 먼저 나서는 것이 틀리다고만 볼 수 없다고 본다. 아무런 활동 없이 조용히 있으면 평화가 오는가.

[원문] 악마적 환경이 선의의 씨앗이 되면서 대상성으로 작용한다. 직지인심(直旨人心) 견성성불(見性成佛)에 이르는 자신을 향한 눈이 내면의 악마성을 확인할 때 선의가 발아된다. 자유시장의 얼굴에도 인간의 내면처럼 악마적 환경들이 가득하지만 스스로 자유시장의 자유에 대한 자기모습을 들여다 볼 때 무아와 같은 선(善)의 절대성을 확인할 수 있다.

▶부의 열쇠 - 제2부 자본주의와 돈 : 악마의 타락(1)

A. 평화의 주체자로 나서는 것이 나쁘다는 것이 아니다. 우리가 주도해 한반도에 항구적인 평화체제가 구축된다면 그 길을 가는 것이 옳다. 하지만 선의로 하는 일이 나쁜 결과를 낳는다면 그것은 이미 선의가 아니다. 북한은 국제사회에서 불량국가로 낙인찍혀 있을 뿐만 아니라 겹겹이 경제제재 포승줄에 죄인처럼 묶여 있다. 북한은 우리의 선의를 악의로 이용할 수밖에 없는 상황에 처해 있다. 이를 알고도 친북을 고집하는 것은 한반도의 위기를 더 키우기에 악의가 되고 만다. 우리는 정교하게 작동하는 주변 4강국과 북한의 이권게임이라는 악조건들 속에서 선의를 찾아야 한다. 우리 자신을 냉정하게 바라보는 무아의 방식일 때 지금처럼 섣부른 발걸음을 내딛지 않는다. 조용히 있으라는 것이 아니라 움직이지 않는 가운데 움직이는 정중동(靜中動)이다. 한반도의 평화는 우리가 주도해 간판을 내걸고 외친다고 해서 오지 않는 복잡하기 그지없는 셈법이 작동 중이다. 작금의 친북외교는 그것을 간과한 어설픔이 너무 많이 묻어난다.

Q-3. 우리가 어떤 스탠스를 취해야만 한반도에 평화가 구축될 수 있다는 뜻인지.

[원문] 생명의 모든 순간 선택들이 무엇인가를 위해 한쪽이 아닌 대칭의 양쪽을 선택하는 과정이다. 그것이 시작이다. 대부분 이에 대해 한쪽을 선택한다고 착각하고 있다. 모든 사건의 섭리는 대칭이 하나이기 때문에 한쪽을 선택하는 시작이 아니다. 이 원리를 안다면 긴장하면서 동시에 그것을 알아서 과감하기도 하다.

▶부의 열쇠 - 제3부 부자로 가는 길 : 부자 되는 길(1)

A. 우리의 삶은 선택의 연속이다. 그것은 국가도 마찬가지다. 개인이든 국가든 자의적 선택을 하고 있지만 선택을 강제로 해야 하는 상황에도 늘 맞닥뜨린다. 이 같이 선택할 때 마치 '양자 얽힘'처럼 동시에 선택되는 미지의 사건이 대칭적으로 따라다닌다는 것을 유념해야 한다. 친북정책을 통해 평화체제를 얻어내려 하면 반평화적인 대칭적 사건이 필수적으로 붙는다. 흔들리는 한미동맹은 그 상징이다. 실제로 작금의 한반도 상황이 평화와 멀어지고 있다. 평화체제를 위한 노력과는 정 반대로 다른 한쪽에서는 전운이 늘 고조되기를 반복해 왔다. 이 때 취해야 할 스탠스는 우리의 처지를 냉정히 바라보는데 있다. 주적을 북한이 아닌 미제(미 제국주의)로 설정하는 듯한 지나친 친북정책이 한반도를 위기로 몰아가고 있다는 사실을 절치부심 인정해야 한다는 뜻이다. 친북외교가 한미동맹이라는 틀을 근본적으로 깨고 있다.

> **"해**방 이후 줄곧 미국 때문에 친일청산을 하지 못했다는 386 권력의 정의감에는 친북외교의 명분이 직·간접 들어 있다. 일제에 이어 미국도 제국주의로 규정된 반제-반미 기조에 반파쇼·반독재 정의감까지 품은 386 이념은 민주화에 기여한 공로는 있지만 집권 후 70년 한미동맹의 틀과 신뢰를 근본적으로 뒤흔들었다.**"**

Q-4. 한미동맹이 대한민국의 안보 울타리라는 것을 모르지 않지만 그것이 영구히 갈 것이라는 생각도 아니라고 본다. 미국도 언젠가는 우리를 버릴 것이라는 것을 염두에 두어야 하지 않나.

[원문] 조화는 절묘한 조합보다 부적절한 조합의 하나 된 이중성에 바탕이 있다. 물리적으로 불가능한 법칙의 조화가 인간이 인지하거나 인지할 수 없는 모

든 곳에서 기저 에너지를 바탕으로 정밀하게 일어난다. 실제로 인지할 수 없는 것에 대한 수없는 회의는 인지하는 것 이상으로 이중성의 해법을 통해 무수히 많은 현자들에 의해 원리가 제시돼 왔다.

▶부의 열쇠 - 제4부 부자로 남는 길 : 타락하지 않는 힘(1)

A. 지극히 상식적인 말이다. 미국이 우리와 영원히 동반자가 될 것이라는 생각은 사실 하면 안 된다. 대한민국도 미국의 이익에 반하면 언제든 버려질 수 있다. 이것이 부적절한 조화의 모습이다. 하지만 적절한 조화가 오래가지 못하는 반면 부적절한 조화는 덜컹덜컹 소리를 내면서도 오래가는 이중성이 있다. 우리도 미국과 많은 갈등을 해 오면서 한미동맹을 지켜왔다. 서로의 이권에 의해 결핍이 거래되는 부적절한 조화 속에서 더욱 단단한 끈이 이어져 온 것이다. 완벽한 한미동맹은 없지만 실패한 한미동맹 또한 없어야 하는 것이 그래서 중요한 관점이다. 친북외교는 지금 적과 적(미국과 북한) 사이에서 내심 음흉하다는 의심을 받고 있다. 미국과 북한은 우리 정부를 향해 노골적인 불만이나 원색적인 욕설을 하고 있는 것이 사실이다. 문재인 정부는 친북정책을 통해 '적절한 조화'를 찾으려고 하는데서 많은 문제를 야기하고 있다. '부적절한 조화'를 통해 상호이익이 되는 고민을 끊임없이 하는 것이 한미동맹의 본질이다.

Q-5. 제2차대전 승전국인 미국이 전범국인 일본을 느슨하게 처리하면서 우리의 친일청산에도 한계가 생기는 문제가 발생됐다. 한미동맹에 너무 엮여 있으면 우리는 영원히 친일청산을 하지 못하지 않을까.

[원문] 자존감은 진선미만이 드러내는 단편적 현상이 아니고 위악추도 함께 드러내는 대칭의 교란이다. 자존감이 생명의 가치를 느끼고 행복해 하는 실존재 인식의 기저라고 할 때 위악추와 진선미는 마치 하나처럼 움직인다. 자존감이 떨어질 때 선악을 구분할 자신감이 떨어지는 것은 위악추를 제대로 수렴하지 못하는데 있다.

▶부의 열쇠 - 제5부 돈의 미학 : 인간의 조건(2)

A. 대한민국이 좌—우로 치열하게 갈려 국론이 분열된 근간에 친일청산 문제가 단단히 똬리를 틀고 있다. 소위 진보라는 386 좌파 진영은 오래전부터 미국이 그 단초라고 보고 반제—반미를 외쳐 왔다. 미국을 위악추(僞惡醜)로 간주하는 정의를 주장하는 근간에 36년간 우리 땅과 우리 민족에게 엄청난 해악을 끼친 일본 청산작업이 서려 있다는 주장을 하고 있다. 일견 일리가 있는 듯하지만 미국과 적대적으로 바뀌고 미군철수가 이뤄진다고 해서 친일청산 과업이 완수되지 않는다. 미국은 전승국 지위를 갖고 일본을 평화헌법으로 강력히 묶은 뒤 용병국 내지 병참국으로 활용하고 있다. 미국은 태평양전쟁의 당사자로 핵무기를 쓰면서 승전한 뒤 자신들의 전리품을 취했다. 그 과정에서 우리는 미국을 진선미(眞善美)로 삼아 전 세계 유일무이한 빛나는 번영을 일궈냈다. 우리는 미국을 '아름다운 나라'(美國)라고 부르지 않는가. 미국은 우리에게 진선미와 위악추를 동시에 불러냈다. 그 어느 한쪽만을 바라보면 안 된다. 양쪽을 동시에 보고 하나라고 간주하는 것이 현명한 자세다. 그것이 훗날 진짜 친일청산을 할 수 있는 기회를 얻는다. 한미동맹은 친일청산의 장애물이 아니고 언젠가 친일청산을 넘어 극일(克日)을 할 수 있는 훌륭한 기반이다.

Q-6. 친북노선의 기저에 역사적으로는 친일청산의 이념성이 묻어있지만 그것이 미국에게 꼭 불편한 것만 있는 것은 아니라고 본다. 문재인 정부의 친북정책을 미국이 적극 활용하는 측면도 있지 않은가.

[원문] 복잡계의 에너지 단초는 유명(有名)을 보는데서 시작하고 무명(無名)을 보지 못하는데서 마무리된다. 유명 안에서 질서가 창조되고 유지되면서 동시에 무명 속에서 유명의 본질을 인지할 수 있다. 숲의 질서는 유명 속에 움직이

는 복잡계다.

▶부의 열쇠 - 그로테스크 노트 : 뿌리달린 나무(2)

A. 북한이 친일청산을 완성했다는 가정은 과연 맞는 것인가. 북한은 공산 사회주의 체제를 세우면서 소위 지주나 부자들을 부르주아지로 규정하고 싹쓸이 하다시피 처단했다. 단순히 자본가뿐만 아니라 부(富)를 만들어 내는 사람이나 시스템까지 악으로 보고 모든 사유재산을 몰수해 국유화하고 평등한 사회주의 이상국가 건설을 노래했다. 친일청산은 그 과정에서 징검다리로 활용됐다. 그리고 3대 세습이라는 전 세계 유일무이한 전체주의 독재국가 이름을 알렸다. 천심을 거스른 잘못된 유명(有名)이다. 북한은 외견상으로 사람과 정의 그리고 평등을 추구했지만 결과는 거꾸로다. 가장 가난한 빈국 중 하나로 오른 것도 모자라 전 세계 여론이 북한 정권을 아주 나쁘게 보는 것이 그 명백한 증거들이다. 따라서 친북노선 과정에서 친일청산 다리를 깔면 이런 북한정권과 친해야 하니 정말 이상해진다. 나아가 우리의 친북외교에 대해 미국은 불편해 할 뿐이다. 또한 서로 주적이던 미국과 북한 모두 우리를 불신하고 직접대화를 고집하게 만든 것은 민망하기 그지없는 외교실패다. 친북외교는 전쟁의 공포까지 더 조장하고 말았다.

Q-7. 친북정책을 포기하거나 자제해야 한다면 우리는 지금 북한 비핵화와 한반도 평화체제 구축을 위해 구체적으로 무엇을 해야 하나.

[원문] 자유와 의식은 변증운동을 통해 테제(정)와 안티테제(반)가 돼 상호 존재를 확인하면서 진테제(합)인 자유의지로 나아간다. 이어 자유의지는 더 큰

자유(정)가 되고 더 큰 의식(반)으로 나아가면서 더 큰 자유의지(합)를 만드는데, 이처럼 반복하는 나선형 변증운동이 운명을 개척하는 자유인의 모습이다.

▶부의 열쇠 - 부록 저자와의 대화 [上]부의 현상-(2)에너지 현상에 대해

A. 어려운 일이 닥치거나 일이 꼬여 잘 풀리지 않을 때 가장 쉬운 해결책은 기본으로 돌아가는 방식이다. 대한민국의 기본은 자유민주주의와 자유시장경제 양 축에 있다. 공산-사회주의가 크게 확장된 과거 냉전시절부터 대한민국은 가장 위험한 기로에 있는 자유주의 최전선을 지키면서 놀라운 번영을 구가했다. 따라서 역대 대통령들의 공과(功過)가 분명히 있음에도 전 정권의 뿌리를 모두 부정하는 듯한 적폐청산 전가의 보도는 잘못된 단죄방식이라는 것이다. 자유주의와 시장주의를 더욱 극대화하기 위한 기본으로 돌아갈 때 대한민국의 지속적인 번영이 보장될 뿐만 아니라 한반도 평화체제를 단단히 구축하는 바탕이 된다. 지금이라도 과도한 친북외교에서 과감히 유턴하지 않으면 우리는 내부분열이나 북한에 대한 외과식 수술로 인해 상상하기도 끔찍한 엄청난 격랑의 소용돌이로 빠져들 수 있다. 우리는 지금 순천자(順天者)의 길이 아닌 역천자(逆天者) 의 형벌이라는 공포 속으로 들어가 있다.

(5) 이념편향

거짓 덧대며 질주하는 적폐청산 이름의 이념열차
치열히 얽힌 선악에 이분법의 잘못된 칼

"자연과 생명의 질서는 치밀하게 얽힌 에너지 네트워크이기 때문에 정교한 원리와 함께 무한 변수들이 동시에 일어나는 카오스적 질서의 세계다. 선악의 이분법이 지나치면 본의와 다르게 수많은 변수들 중 악마적 요소들만 선택하는 길을 가는 우를 범한다."

Q-1. 진보정권은 일반적으로 도덕성에 기반한 이념성을 강하게 드러낸다. 흔한 말로 좌파로 불리는 이들의 이념 지향적 정치행보가 정의를 추구함에도 종국에는 자신들까지 휘말리며 문제를 일으키고 있는데.

[원문] 돈이 가진 본유적 도덕률은 대칭성을 통해 인간의 세속성으로 표현되면서 가치를 극대화 하고자 하는데 있다. 돈의 탄생은 본래 선함을 추구하는 진선미(眞善美)의 얼굴이었으나 세속적으로는 탐진치(貪瞋癡)의 대상성을 자기모멘텀으로 갖으며 위악추(僞惡醜)로 대칭을 이뤘다. 마치 천사와 악마가 공존하는 모습이다. 신성으로 탄생한 자연은 문명 그리고 그 문명의 총아인 돈이 가진 스스로의 반도덕성을 수렴하면서 인간의 도덕률에 항상적 긴장감을 준다.
▶부의 열쇠 - 프롤로그 : 생명과 돈의 가치(2)

A. 문재인 정부의 적폐청산은 사람 중심의 정의로운 사회 건설을 위한 부조리

또는 부도덕과의 전 방위 전쟁이라고 할만 하다. 모든 부문에서 지금까지 쌓인 부패나 부조리 등을 온전히 끊어 내겠다는 단호한 의지가 켜켜이 묻어 있다. 당연히 많은 국민들에게 올바른 지향점으로 보인다. 그런데 그 적폐의 중심에 돈이 강력하게 얽혀 있다는 것을 애써 간과하고 있다. 돈은 개인 또는 사회는 물론 국가까지 단 한시도 없으면 안 되는 견고하고 정교한 가치(에너지) 시스템이다. 돈은 우리 모두의 삶 구석구석에 깊숙이 박혀 있는 생명 에너지로 봐도 무방하다. 문제는 그 돈이 적폐의 근원으로 몰리고 있다는데 있다. 자본주의 또는 자유시장경제를 근간으로 살아가고 있는 모든 국민들은 절대 돈에서 자유로울 수 없다. 돈을 버리는 순간 돈 자체가 갖는 생명의 사랑과 책임 등 선의까지 다 버려야 한다. 진보정권도 이런 돈에서 결코 자유롭지 못하다. 돈을 적으로 몰면서 돈과 얽혀 있는 자신들을 절대 분리하지 못해 스스로 신적폐에 빠졌다.

Q-2. 돈이 적폐의 근원이라면 돈은 선한 측면보다 나쁜 측면이 더 많다는 말로 들린다. 실제로 사유재산에 대한 탐욕은 악의 근원이 돼 온 측면을 부인할 수 없지 않은가.

[원문] 현실의 돈 에너지 소유욕망은 스스로 만든 허구의 시간 속에서 이뤄진다. 인간 자신이 만든 주어진 시간의 촉박함은 온갖 갈등과 다툼 그리고 전쟁을 낳는다. 죽음은 가장 치열한 허구의 시간을 증명하지만 인간은 그것을 절대적 시간의 한계로 인식하고 종족보존의 무한 욕망 또한 결코 버리지 않고 키워간다. 죽음이라는 시간의 한계가 가진 인간 에너지는 종족보존 욕구를 키우면서 욕망기제를 더욱 진화시켜 다른 에너지를 약탈하려는 습성을 자연스럽게 지니게 했다.

▶부의 열쇠 - 제1부 에너지 얼개 : 시간 속 에너지(2)

A. 돈은 현실적으로 욕망의 근원이 틀리지 않다. 하지만 그 돈의 본질을 봐야 한다. 돈을 화폐가 아닌 부가가치 개념으로 보면 분명 선의가 내재돼 있다. 따라서 자유시장 내 부가가치의 선순환은 본질적으로 이타성을 띤다. 일이 곧 그 개념이다. 따라서 눈으로 보이는 허구의 현실은 이기적이지만 눈에 보이지 않는 '에너지 얼개'의 자양분으로 보면 돈은 사람들 간 이타성을 끌어낸다. 다시 말해 공동선의 기반 하에 돈이라는 자본주의 숲이 번성한다. 그 숲에서 일어나는 돈의 악한 모습이 보인다고 해서 그 나무들을 전부 뽑아내면 숲은 존재할 수 없다. 나무들이 자라는 치열한 생존환경은 생명의 질서로 보면 자연스러운 현상인 자연이다. 적폐청산은 그 끝을 봐서는 안 될 칼이다. 그럼에도 끝을 보려 하기 때문에 자신의 발등까지 찍는다. 부메랑이 닥치면 자신들이 더 많은 악의 뿌리를 내리고 있다는 것을 알게 되지만 늘 유턴을 못한다.

Q-3. 우리사회가 부패가 만연해도 그 부패를 일정부분 인정하라는 궤변으로 들린다. 부패를 끊어낼 수록 나무들이 더 건강히 자라는 좋은 숲이 만들어지는 것은 아닌지.

[원문] 공산주의는 전 세계적으로 북한이라는 국가만이 남았고 모두 실패했지만 이기심을 근간으로 한 자본주의는 여전히 맹위를 떨친다. 자본주의 이기심의 에너지가 역의 에너지 총합으로 보면 이타심으로 역동성을 보였고, 공산주의는 협동의 가치가 소중한 이타심이었지만 그것을 관리하는 관료주의 절대계급을 낳아 이기심이 작동하는 부정의 에너지를 만들어 냈다.

▶부의 열쇠 - 제2부 자본주의와 돈 : 무형의 가치(1)

A. 사적 소유욕을 제한하기 위해 사유재산에 대한 공개념을 강화하고 그것을

선의로 포장하면서 적폐청산을 지속하면 언젠가는 숲의 나무를 거의 모두 뽑아내야 하는 국면을 마주한다. 그 끝이 사유재산을 몰수하고 국유화 하면서 이상사회를 추구한 공산주의 국가의 모습이었다. 이런 공산주의가 정의의 얼굴을 하고 있지 못하는 현실을 똑똑히 목도해야 한다. 부패의 뿌리를 뽑고자 하는 권력이 배타성을 띨수록 이념화 되고 그 이념은 이념 자체를 위한 것으로 변질되는 경우가 대부분이라는 것을 더 이상 모르는 척 하면 안 된다. 부패를 근절하고자 한다면 정교한 시스템을 만들어 그 작동원리에 맡겨야 하는 것이 상식이다. 법이 그 시스템을 돌리는 엔진이다. 권력이 그 엔진이 되고자 하면 부패의 수렁에 빠진다. 숲의 나무들이 뿌리를 내리고 있는 숲의 땅은 뽑아낸다고 해서 능사가 아니다. 잘 자라게 하는 차별의 방식일 때 결과적으로 모두에게 이롭다.

Q-4. 현실적으로 보면 행정부 수반 대통령이 많은 권한을 갖고 있다는 점에서 십자가를 메는 마음으로 나서야 한다고 본다. 입법부와 사법부가 부패의 온상이 돼 온 측면을 부인할 수 없지 않나.

[원문] 만물의 모든 법은 역설적으로 자본시장의 이기심 가득한 에너지에 응축되면서 돈이 이 법을 따르고 있다. 무상과 무아를 따르는 돈 에너지는 차원이 다른 세계와의 초연결을 통해 인간의 분열성을 표현하는 극치가 되고 있지만 그 극치의 위험인자가 최고의 도덕률이 무엇인지를 가늠하게 해주고 있다. 수많은 현자들은 그 도덕률의 가치를 역설하면서 자본시장 내 이방인들을 사로잡았다.
▶부의 열쇠 - 부자로 가는 길 : 양자장의 진실(2)

A. 국회의원들과 법률가들의 권력이 큰 것은 맞다. 권력이 큰 만큼 부패 또한

깊어온 것도 사실이다. 하지만 행정부 수반이 그것을 바로잡을 수 있다고 칼을 잡는 것 자체가 착오다. 대통령이 직접 나선다고 해서 입법부와 사법부가 통제된다고 생각하면 오산이라는 것이다. 오히려 행정부 권력이 칼을 휘두를수록 부패는 더 커지면서 음지로 숨고 조직화 된다. 마치 끝을 보지 못하는 두더지 게임을 하는 것과 마주한다. 거친 경쟁을 하는 나무들을 통해 숲의 땅이 살아 움직이는 것을 봐야 한다.

Q-5. 대통령이 의지를 갖고 정의로운 나라를 만들려고 하는 것을 할 수 없다는 뜻으로도 들린다. 우리 사회를 멍들게 하는 부패의 나무를 대통령이 가장 과감히 뽑을 수 있는 것 아닌가.

[원문] 인간의 삶에 행운이 존재한다는 것은 그 행운이 존재할 것이라고 믿게 하는 기대욕구다. 그 욕심은 가치창조가 아닌 가치파괴를 유도한다. 이기심을 부추겨 협력보다 분열을 조장한다. 행운에 기댈수록 협력 에너지가 고갈돼 가고 타인을 무시하고 짓누르려는 오만에 깊숙이 빠져든다.
▶부의 열쇠 - 제4부 부자로 남는 길 : 신성의 무능(1)

A. 권력이 선악의 이분법 잣대를 강하게 들이대면 댈수록 행운에 기대는 사람들이 늘어난다. 도덕적 칼날이 예리한 상황일수록 게으르거나 태만한 자들에게 세상의 행운은 더 많이 보이는 탓이다. 나태조차 좋아 보이는 더없이 좋은 환경이 바로 선악의 재판관들이 과도하게 나설 때 만들어진다. 이들이 회복할 수 없는 큰 화를 부르는 주인공들이다. 악의 나무를 뿌리 뽑는 과정에서 권력의 정의가 덧씌워지기를 반복하는 수순이 이어진다. 끝내 그 정의는 이데올로

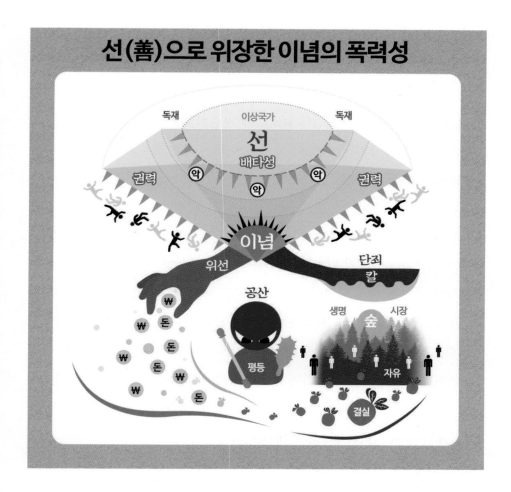

기로 변질되기 시작한다. 이데올로기가 본질적으로 나쁜 것은 아니지만 배타
성이 심화될수록 '포장된 정의'와 '과장된 정의'를 거쳐 종국에는 '거짓 정의'를
덧대야 하는 문제를 낳는다.

Q-6. 올바른 것에 대한 신념이 이념이라고 본다. 그 이데올로기가 독재로 흐르지 않도
　　록 적절한 제어를 한다면 좋을 결과를 만들어 내지 않을까.

[원문] 삶의 원천을 논할 때도 인간의 조건은 돈과 분리할 수 없는 크고 작은 네트워크들이 오밀조밀 많다. 자유시장에서 에고의 기준으로 돈은 반드시 쟁취하고 마음을 얻고 싶은 아름다운 대상이다. 에고는 씨줄과 날줄로 얽힌 무한히 많은 이해관계들을 돈이라는 대상성에 자신의 기준으로 주입시켜 돈을 강제로 얻으려 한다. 하지만 에고의 이 같은 노력은 대개 허사로 돌아간다.

▶부의 열쇠 - 제5부 돈의 미학 : 인간의 조건(1)

A. 이데올로기는 브레이크가 없는 특성을 보인다. 이데올로기는 그 얼굴을 드러내기 시작하면 멈추지 않기 때문이다. 누군가 제어를 하지 않는다면 자가발전을 계속하면서 사람을 위한 논리가 사람을 억압하는 구조로 돌연변이를 한다. 가령 1층에서 3층으로 올라가는 목적을 가진 세 사람이 계단, 엘리베이터, 에스컬레이터로 각각 가고자 할 경우가 있다고 해보자. 계단은 건강상의 이점이, 엘리베이터는 바쁜 현대인에게 빠른 이동의 장점이, 에스컬레이터는 두 가지 혼합된 메리트가 각각 내세워졌다. 세 방안은 논쟁이 심화되면서 운동, 전기, 모터 등의 역학논쟁으로 확대돼 어느새 세 사람은 3층으로 올라가는 목적을 잊었다. 세 사람은 끝없이 싸우게 되고 결국 이기는 것만이 목적이 됐다. 이 과정에서 브레이크는 작동하기 어렵다. 이데올로기가 아집으로 바뀌고 유아독존을 거치면서 독재화 되면 권력은 빠져나오지 못할 구덩이에 빠진다. 이데올로기는 에고의 극대화된 개념이 되고 만다. 에고가 충만한 상태의 싸움이 가장 비열할 뿐만 아니라 혹독한 가난을 부른다.

Q-7. 대통령이 주도적으로 나서지 않더라도 부패를 최소한으로 줄이고 정의로운 나라를 만들어 가는 대안은 없는지.

[원문] 자본주의와 자유시장의 질서는 풀을 뜯는 토끼의 질서다. 토끼는 맹수의 본성이 없다. 맹수는 토끼를 미워하지 않고 토끼 또한 맹수를 미워하지 않는 먹이사슬 속 평화 본성이다. 그런데 눈앞에 존재하는 듯한 토끼의 맹수에 대한 꿈은 아무것도 존재하지 않는 허상이다. 질서자를 자임하는 일단의 토끼들이 정글의 평화를 부르짖으며 먹이사슬을 없애고자 할 경우 배고픈 동물들이 무한히 나온다. 먹이사슬이 무너진 정글의 법은 지독한 가난과 배고픔이다. 토끼의 잘못된 꿈이 이뤄지면 0의 좌표까지 흔들리고 만다. 절대성이 깃든 자연의 본성에 마의 기운이 뻗치면 멸종에 필요한 사특한 에너지가 강력하게 분출된다.

▶부의 열쇠 - 그로테스크 노트 : 사냥하는 토끼(2)

A. 만물의 올바른 법은 개인 또는 특정권력이 하는 것이 아니다. 사람들의 의식은 무수히 변형하고 분화하기를 반복하면서 동시에 초연결 돼 있다. 하나의 에너지 장으로 얽혀 있다는 것을 믿을 때 특정인이 나설 수 없다는 것을 진정성 있게 수렴할 수 있다. 오히려 정의를 주장할수록 사태가 꼬인다는 것 역시 알게 된다. 정의로운 나라를 만들기 위해서는 권력이 분산돼야 강해지는 역설이 통한다. 권력은 강제하는 힘이 아니라 국민의 힘을 빌린 지렛대일 뿐이다. 국민을 잘 살게 하기 위한 일을 할 때 이 지렛대가 긴요하다. 적폐청산은 이 과정에 녹아 있어야 하는 것이지 별도로 떼어나 이념으로 추진할 일이 아니다. 자유를 헌법에서 빼고자 하는 의도는 그런 점에서 '이데올로기 범죄'를 짓는 일이다. 정의, 도덕, 순수, 사랑, 포용 등의 진정성 포장을 하고 있는 이념은 여차하는 순간에 악랄한 의도를 갖는 범죄로 추락하기를 주저하지 않는다. 작금의 대한민국 이념편향성은 이런 문제가 드러난 결과이기에 대단히 위험한 폭발력을 지녔다.

[2]

제도이슈

the key to wealth

(1) 반(反)의회주의

민심 가장한 탐심 거래 '4+1' 대의민주주의 역주행
선거의 꽃 추락시켜 권력의 꽃 피운 오명

"국민주권주의를 대리하는 신성한 의회가 민심을 내세운 채 속내는 자신들
만의 이권거래를 한다면 추악하게 전락한 반(反)의회주의 행태다. 공화국
을 병들게 하는 이런 병리현상이 4+1이라는 인해전술식 세몰이 단체로 드
러났다."

Q-1. 우리나라는 짧은 기간 동안 의회민주주의(대의제)를 성숙시킨 국가로 평가받고 있
   다. 하지만 국회가 늘 주권자인 국민들의 지탄대상이 된 원인은 무엇이라고 보는지.

[원문] 인간의 에너지 쟁취본성 중 가장 큰 본성이 바로 돈 에너지 욕망이다.
돈은 모두가 소망하는 가장 강력한 에너지 유형이다. 그래서 가장 큰 힘을 내
재하고 있어 얻기 힘들고 다루기 까다로운 고에너지 장이다. 돈 에너지를 잘못
소유하거나 다루면 화(禍)의 에너지로 변모하는 것은 그런 이유다.

▶부의 열쇠 - 제1부 에너지 얼개 : 시간 속 에너지(2)

A. 대한민국 국회는 돈 권력인 이른바 금권(金權)이 치밀하게 얽혀 있다. 그것
이 우리의 국회를 망치게 한 원인이다. 돈의 선한 본성은 가치를 늘리고 창조
하는 부가가치 확산에 있음에도 국회는 돈의 그런 본성을 오히려 버리는데 앞
장서기를 반복해 왔다. 국민의 부(富)를 키우기보다 자신들만의 부를 키우면서

국민을 앞세우는 척 교언영색을 부리기 일쑤였다. 온갖 권모술수를 동원해 반의회주의 선봉에 있는 주역들이 국회의원인 경우가 많았다. 돈을 이처럼 악하게 다룬 대가를 국민이 받는 것이 작금의 모습이다. 뿌리가 썩고 기둥만 화려한 민주주의를 간신히 부여잡고 있는 격이다. 국민은 금권에 빠져 허우적거리는 삐뚤어진 의회권력 때문에 여전히 고통스럽다. 국회는 지금 화(禍)의 근원이기에 반드시 개혁해야 할 1순위다.

Q-2. 20대 국회도 전례 없는 싸움장으로 변해 식물국회를 넘어 동물국회라는 오명까지 받고 있다. 국회를 어떤 방식으로 개혁하는 것이 옳은 수순인가.

[원문] 자유시장은 일종의 마더월드처럼 절대적 권능이 시장의 요구에 의해 상존한다. 거대한 장벽들이 에워싼 자유시장의 그 장벽을 넘어가면 생존이 불가능하다. 자유시장 공포감의 실체다. 자유라는 장벽을 오히려 희망으로 설정하고 자신과의 사투 그리고 타인과의 사투를 끝없이 벌인다. 자본주의는 이것을 유도해 생존의 먹잇감으로 삼는다.
▶부의 열쇠 - 제2부 자본주의와 돈 : 무형의 가치(2)

A. 국회가 자유시장의 질서를 거스르고 있음을 똑똑히 봐야 한다. 자유시장은 특권이 아니라 특권과의 지속적인 사투로 유지된다. 자유시장은 스스로 만드는 거대한 장벽이 있는데, 그것이 치열한 경쟁의 질서다. 이 질서가 국가와 개인의 부를 만들어 내는 샘물이다. 특권은 이 질서 속에서 분탕질하기를 아주 잘 한다. 국회는 그 이상한 특권의 중심에 단단히 똬리를 틀고 앉아 있다. 국회 개혁의 시작은 민주주의의 꽃이라는 선거제도를 이권게임 식으로 툭하면

바꾸는데 있는 것이 아니라 그 이면에 있는 권력게임의 원천에 과감한 메스를 대는데 있다. 권력 게임의 에너지 역할을 하는 금권의 물줄기를 막는 것이 개혁의 시작이다. 선거제로 국민의 눈을 가리고 현혹하면 안 된다.

Q-3. 국회의원들의 특권을 줄여야 한다는 것은 수없이 논의돼 온 사안이다. 구체적으로 무엇을 어떻게 개혁해야 한다는 뜻인가.

[원문] 게으른 한량들은 자신만의 선한 얼굴 속에 몸까지 파묻은 채 스스로 묘지를 파지만 그 조차 모르고 남의 무덤을 판다고 착각한다. 천사는 지옥에 가는 이들 생명의 가치를 축복하지 않은 채 방관만 한다. 게으른 한량들은 영적으로 타락해 생명의 풀밭인 자유시장을 헤집고 다니며 숙떼밭을 만들면서도 그 행위에 대한 죄의식을 스스로 면책하는 악행의 주범들이다. 천사는 이들에 대해 옷을 입고 가차 없는 영적 구속을 위해 더 게으른 상태를 주는 형벌을 주는 임무를 수행한다.

▶부의 열쇠 - 제2부 자본주의와 돈 : 천사의 옷(1)

A. 게으른 한량들이 득실댄 20대 국회는 국민을 철저히 속였다. 특히 준연동형비례대표제는 외견상 사표(死票)를 줄이는 방식으로 제안된 순기능이 있었다. 하지만 특권의 벽에 갇힌 채 탐심에 빠진 나태한 선량(選良)들이 식물·동물로 변하며 본성의 이빨만을 드러냈다. 새 선거제도는 패스트트랙 안건으로 채택되고 권력 나눠먹기 게임으로 변질되면서 누더기가 돼 국회를 통과했다. 선거제도 개혁이라는 화려한 간판을 앞에 건 국회는 국민들은 안중에 없는 듯 국민 위에 군림하는 겁 없는 민심거래를 했다. 국민들의 표심을 정교하고 절

묘하게 나눠먹는 특권의 권력 밥그릇 거래에서 중요 역할을 하도록 해 준 것이 준연동형비례대표제가 됐다. 그야말로 의도하지 않는 비극의 주인공으로 분(扮)했다. 이를 짊어진 4+1은 반민주적인 세몰이 국회의 전형적인 행태를 드러냈다. 앞으로 이런 특권의 분탕질을 막기 위해서는 국회의 강력한 권한에 자양분이 돼 주는 '셀프 세비'와 '셀프 권력'들을 과감히 척결해야 한다.

" 국회가 명실공히 민의의 전당으로 거듭나기 위해서는 국회의원들이 스스로 정하는 세계 최고수준의 '셀프 세비'를 전향적으로 줄이는 한편 견고한 권위주의 울타리를 높이 올리기만 하는 '셀프 권력'을 과감히 버려야 한다. "

Q-4. 국회의원들의 '셀프 세비' 문제는 심각하다는 것을 알겠지만 '셀프 권력'에 대한 사안은 다소 막연한 느낌이 드는데.

[원문] 아무 의심 없는 도덕률은 개인들의 무차별 단죄의식을 끌어올려 개인은 물론 국가의 창조성을 막는 거대한 장벽이 되고 만다. 효율성과 생산성이 없는 단죄의식은 실리보다 명분에 휩싸여 불필요한 정의가 난무하고 권력을 위한 방편으로 떨어지기를 반복한다. 부의 길이 막히는 증상이다.
▶부의 열쇠 - 제3부 부자로 가는 길 : 부자 되는 길(1)

A. 국회의원에게는 온갖 이름으로 붙여진 수당·입법비·특활비·운영비 등이 거의 세계 최고수준이다. 세비로 불리는 이들 비용을 다소 과격하더라도 거의 무급봉사직에 가깝게 파격적으로 줄여야 할 필요성이 있다. 국회의원 1인당 9명이나 되는 사무실 보좌 및 비서인력 역시 선진국을 벤치마킹 해 여러명

의 국회의원이 공동인력을 쓰는 방안을 검토해야 한다. 보다 근본적으로는 국회 스스로 정하는 '셀프 세비' 운용권 자체를 원천 차단하는 동시에 특권의 장벽 '셀프 권력'을 강화하지 못하도록 봉쇄하는 개혁이 요구된다. 이를 위해 불체포 및 면책특권을 축소 또는 폐지하고 국회의원들의 불법행위에 대해서는 단죄 양형기준을 강화해야 한다. 작금의 국회는 자신들을 예외로 하면서 국민들만 단죄하는 입법방식으로 여론 호도성 위장막으로 거짓 정의를 양산하고 있다. 그들이 바로 마녀사냥의 선봉이 됐다. 권력의 나팔수라는 오명을 국회가 뒤집어 쓴 이유다.

Q-5. 민주주의 꽃인 선거제를 더 아름답게 피우겠다는 위장막을 치고 더 나쁜 자신들만의 '추잡한 꽃'을 만들어 내고 있는 상황을 어떻게 보아야 하나.

[원문] 평온하기만 하고 소리가 없는 대평원에 아름다운 꽃과 탐스러운 열매들이 주렁주렁 달려 있는 것을 본다면 지옥으로 가는 열차에 탑승한 상황이다. 자신이 게으름과 나태함에 빠진 것을 모른 채 탐욕의 마음을 가득 채우고 여행자의 영상을 파노라마처럼 만든다. 이런 자신만의 작위적 환상은 지상의 낙원을 더럽힌다. 선을 악으로 참칭하고 악을 선으로 위장시킨다.
▶부의 열쇠 - 제4부 부자로 남는 길 : 신성의 무능(2)

A. 권력자 자신의 환상열차인 셀프 권력의 자양분이 되는 주변의 잡풀들을 정리해 주는 일 조차 셀프로 하도록 해서는 끝내 답이 없다. 가장 공정하고 정의로워야 할 선거제를 놓고 가장 추악한 거래를 하는 식의 흥정물이 된 것은 그 자체로 민주주의의 실종이다. 아름다운 환상적 그림과 국민을 앞세운 깃발은

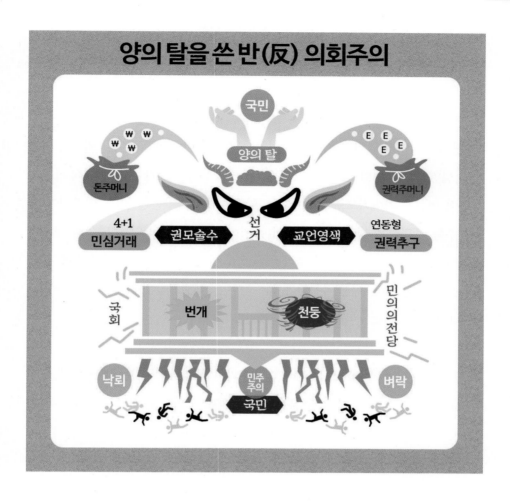

게으른 권력자들의 탐욕이라는 것이 늘 확인된다. 개혁 대상은 막강 입법권으로 막전막후에서 이런 악의적인 거래 환경들을 제거하는 데 있다. 입법권력이 금권의 욕망에 징검다리가 되고 있는 것은 공화국의 병적 현상이다. 병든 대의제의 근간에 자유시장을 옥죌 권한들이 너무 많다. 준연동형비례제라는 낙원론 같은 대의제도 속에는 자유시장을 옥죌 권력 야욕들이 더 깃들게 했다. 아울러 탐심을 자극하는 승냥이나 하이에나 같은 정치꾼들을 양산해 내고 말았다.

Q-6. 연동형비례제의 장점은 한 표의 소중함을 최대한 살려 대의제도를 더 화려하게 꽃피우자는데 목적이 있고 선진국들에서 이미 시행 중인 제도라는 점에서 보편성이 있다. 이 제도를 응용한 준연동형에 숨겨진 맹점이 정확히 무엇이란 뜻인가.

[원문] 보편적이고 연역적인 이데아(이상주의)의 논리에 개별적이고 귀납적인 경험의 필연적 존재성이 드러나고 강화된다. 보편성의 한계가 갖는 역설적 가치는 창조적 현실을 지속적으로 높여나가는 임계치에 다가가는데 있다. 한계점에 다가갈수록 보편성은 강화되고 개념이 분명해지지만 치명적인 보편성의 결함이 발생하기 시작해 독단적 자기 울타리를 크게 만든다. 이는 창조적 현실을 떨어뜨리는 요인이 된다. 이를 극복하게 해주는 것이 개별자들의 (창조적) 경험이다.

▶부의 열쇠 - 제5부 돈의 미학 : 경험의 가치(2)

A. 주지하다시피 선거제도는 대의민주주의의 꽃이다. 우리는 부정선거 문제만 해소한다면 제도 자체를 잘 운용하고 있지만 국민의 대리자들이 권력화 돼 있다는 것이 문제다. 국민의 대리자가 주인 노릇을 하고 있는 원인의 저변에 국민을 지배하는 욕심이 깃들어질 환경이 만들어지면 안 된다. 준연동형비례제는 비례성 강화라는 보편적 이상주의 명분으로 국민 위에 군림하는 삐뚤어진 탐심을 더 키웠다. 물론 기존의 '지역구+병립형비례'에 비해 '지역구+연동형비례'가 사표를 방지하는 역할을 한다. 소선거구제 하에서 낙선자를 찍은 수많은 표심이 사표가 되는 것을 최대한 막는다. 하지만 그것이 오히려 국민을 기만하는 권력욕을 키우는 반의회주의 자양분이 되고 있다면 마땅히 재고해야 했다. 4+1이라는 돌연변이 권력 세몰이 현상이 그 명백한 증거다. 준연동형비례는 당초의 취지와는 달리 국민들이 위임해 준 대리권을 악용한 반의회주의의

의 대명사로 이름을 올렸다고 해도 과언이 아니다. 올해 총선은 국회를 전면적으로 개혁할 임계점이 될 수도 있다.

Q-7. 우리에게 맞는 대의민주주주를 완성하기 위해서는 어떤 제도가 보강돼야 한다고 보는지.

[원문] 본래 외부의 강력한 간섭 없이 노예라는 인식에서 탈출하기 어렵다. 노예는 그렇게 주인이 두렵다. 주인의 횡포가 아니라 스스로 판단하고 책임지는 자유인이 오히려 자신을 가두는 느낌을 갖는다. 돈의 노예가 된 인간도 돈이라는 주인이 그렇게 공포스럽다. 때로는 너무 무서워 증오하기도 한다. 천사의 얼굴을 가진 돈의 본성이 당연히 보일 리 없다.

▶부의 열쇠 - 그로테스크 노트 : 밤 해맞이(2)

A. 우리의 대의민주주의 제도는 마치 주객이 전도됐다. 주인이 객이 되고 객이 주인으로 전락한 모양새다. 이를 원상으로 바꾸려면 제도도 중요하지만 운용하는 방식이 더 중요한 맥락이다. 제도별로 장·단점이 모두 있기 때문이다. 더욱이 시대별·국가별·체제별로 선거제도의 장단점은 모두 다르다. 따라서 운용의 미를 시스템화 하는 것이 대의제를 완성해 가는 길이다. 그 핵심에 국회의원들의 양심이 있다. 그 양심을 제도화시키기 위해서는 민심의 대변자로 뽑히는 절차 이상으로 민심을 우러러야 하는 강력한 자기감시 시스템을 작동시켜야 한다. 정당별 득표율을 강화하는 연동형만이 민심의 최적화된 제도인 것처럼 하면 객이 주인을 속이는 비양심 행위다. 국민의 종임을 자처하는 듯 하면서 주인의 행보를 하고 있으니 어리석다.

Q-8. 올 4월 15일 치러질 제21대 총선이 민의의 반영이라는 관점에서 그 결과를 예상
　　 한다면.

[원문] 극과 극의 합일은 사라짐이다. 물론 본질로 남아 있겠지만 현실에서는
존재하지 않는 법칙이다. 대칭은 하나가 되면 없음이다. 극과 극의 완벽함은
현상계 삶의 원리가 아니다. 과감히 혼돈에 나서는 임계치에서의 활동이 지혜
로운 판단을 이끌어 내고 경쟁에서 이기며 효율을 만들고 돈을 만든다. 이율배
반의 상생 논리를 몸에 체화시킬 때 좋은 운명이 만들어지고 강인해진다. 완전
해지려고 극과 극을 부정한다면 거짓말이다.
▶부의 열쇠 - [부록]부의 현상-돈과 인간의 질서에 대해(3)

A. 자유시장처럼 정치질서도 완벽함은 없다. 불완전 속에서 수많은 결핍의 자
유와 그로인한 결실이 만들어진다. 수많은 이해관계를 거중조정하는 정치행
위에 그런 정의감이 묻어 있다. 이는 민의를 보다 완성도 있게 반영하려다 군
소정당들의 탐심들이 가득한 난립보다 기존의 소수 거대정당들이 더 효율적인
측면을 감안해야 한다는 의미다. 모든 것을 다 수용할 듯한 '천사의 수(數)'가
되레 '악마의 수'가 되는 현상을 곱씹어야 한다. 준연동형비례로 치러지는 올
총선은 극심한 국론 분열, 정치과열증, 사회적 불안 등으로 민심이 어디로 수
렴되는지 모르는 반의회주의로 흘러갈 가능성이 크다. 민심의 대변자를 내건
4+1은 소수의 이권 세몰이가 다수의 민심을 짓밟았기에 신성한 대의제 민주
주의를 송두리째 위기로 몰아넣었다. 그 주역들은 민심을 가장한 탐욕의 정치
역사에 이름을 남겼다.

(2) 법치정변 공수처

법의 사각지대에 태어난 사생아 무소불위 공수처
반인반수(半人半獸) 같은 초헌법 법치수장

"공수처 설치가 고위공직자에 대해 강력히 견제를 하겠다는 취지가 있지만 그 핵심 타깃이자 조준점이 판·검사와 고위직 경찰로 향하고 있는 것은 우려스럽다. 법치의 마지막 보루라고 할 사법부와 검·경이 소신있는 법질서 확립과 민생치안 보다 적당주의에 빠질 상황을 만들었다. 그 피해는 국민들에게 돌아간다."

Q-1. 고위공직자범죄수사처(이하·공수처)가 2019년 12월 30일 국회 본회의를 통과해 2020년 7월부터 가동에 들어간다. 공수처가 독재권력의 완성인지 아니면 검찰개혁의 분수령인지를 놓고 극한대립이 계속되는데.

[원문] 생명은 존귀하지만 그리고 생명을 유지하고자 하는 에고의 욕심도 존귀하지만 그 에고가 무한에너지를 갖기 위해서는 스스로를 버리는 역설의 동인(動因)을 필요로 한다. 무애(無礙) 속 에너지는 구분이 없기에 교류의 장 조차 없는 에너지장이다. 현상계로 보면 내 것도 없지만 나의 것이 아닌 것도 없다. 구분 없는 에너지장의 무한 얽힘 속에 들어갈 때 생명의 설계도가 어렴풋하게 고개를 내민다.

▶부의 열쇠 - 제1부 에너지 얼개 : 시공간의 절대성(1)

A. 공수처는 외견상으로 검찰개혁이라는 명분을 쥐었지만 내막적으로 무소불위 권력형 칼자루라는 점에서 엄밀히 회색지대에서 태어난 사생아 신분이다. 사생아가 법률혼 부부의 아이가 아니듯이 공수처도 삼권분립에 반하는 위헌성을 분명히 갖고 있어 법의 사각지대에서 태어난 처지다. 그런데 인간이 법을 만들고 그 법치가 인간의 삶을 규정하면서 상호 도덕률을 극대화 하는 과정 전체가 헌법정신이다. 헌법은 곧 우리 국민 모두를 하나로 엮는 영혼이다. 누구의 것도 아니고 모든 사람의 것도 되는 것이 헌법이다. 이 같은 무애의 질서는 회색지대에서 경계를 구분할 때 대단히 위험해진다. 공수처는 국민과 국가의 영혼 밖에 있는 사생아 신분의 회색지대에서 활동하지만 권력의 큰 칼을 쥐었다. 물론 청와대가 직접 지휘하지 못할 장치를 두었고 검찰에서는 견제 받을 장치를 두기는 했다. 하지만 그것이 더 어정쩡하다. 권력에 붙어 헤게모니를 쥘 가능성도 있고 개혁을 외칠 가능성도 있어 반신반의(半信半疑)할 수 밖에 없는 괴이한 반인반수(半人半獸)의 모습까지 보인다.

Q-2. 공수처의 존재 이유를 근본적으로 부정하는 말로 들린다. 어떤 이유로 공수처가 개혁기관으로 역할을 제대로 못할 것이라고 보는가.

[원문] 인간의 이성이 시장을 지배하지 못하고 시장이 인간의 이성을 이해하지 못한다. 단지 상호 파동성으로 존재를 확보해야 할 상보적 관계다. 무(無)를 특징지을 수 없는 무가 유(有)를 반추하면서 무가 올 때 그 무가 무의 대상성이다. 없지만 없는 것의 대상성은 존재한다고 할 수도 있고 없다고도 할 수 있다. ▶부의 열쇠 - 제2부 자본주의와 돈 : 자본의 응집력(2)

A. 공수처가 태어난 목적은 우리 사회에서 일반 시민들이 범접하기 쉽지 않은 소위 권력자들에 대한 강력한 견제다. 입법·사법·행정 권력 3부를 모조리 수사할 권한을 갖는다. 각 부의 수장인 대통령·대법원장·국회의장까지 포함하고 있다. 특히 지금까지 막전막후 단죄의 막강 권력으로 군림해 온 판사·검사·경찰(경무관 이상 고위직)에 대해서는 기소권 칼을 들고 직접 칠 수 있다. 바로 이 같은 권력이 개혁이라는 명분을 쥐었지만 초헌법적인 부분이 많다. 역으로 보면 강력한 단죄의 칼을 들수록 강력한 단죄의 대상이 필요한 억지춘양 식이다. 문제는 공수처 설치에 따른 효과다. 단죄대상에 대해 무죄추정이 먼저가 아닌 유죄추정을 우선 가정하면 우리 사회를 이끌 상층부의 질서가 제대로 돌아가기 어렵다. 선과 악(죄)은 분리할 수 없는 하나의 모습으로 상호 대상성(존재)을 늘 확인해야만 항시적으로 죄를 관리하고 효율적으로 예방하는 것이 가능하다. 그것이 지금의 법치주의 질서다. 공수처는 신의 심판관처럼 그 질서를 깨는 중심에 섰다.

Q-3. 선이 악을 강력히 관리해야만 선한 질서가 잡히는 완성된 법치주의라고 본다. 반대로 이야기 하는 것은 아닌지.

[원문] 수백만 경우의 수로 일어나는 돈의 온갖 모습에 대한 하나의 주관적 신념이 다른 사람들도 그렇게 판단할 것이라는 허위합의에 빠져 혼자만의 성을 쌓게 되면 닫힌 눈으로 자본시장을 바라보게 된다. 자본시장은 온갖 거짓과 사기로만 보이게 되고 돈을 미워하며 두려워하게 된다. 이런 부류의 에너지를 가진 자가당착의 사람에게 자본시장은 가난이라는 형벌을 내린다.
▶부의 열쇠 - 제3부 부자로 가는 길 : 허구의 선과 악(2)

A. 우리 사회 상충부의 질서를 무조건 악으로 규정하고 그 악을 다스리면 선해질 것이라는 선악의 이분법적 논리는 선의가 곧잘 악의로 변한다는 속성을 간과한데 따른 결과다. 선악은 순환하거나 변형하는 한 몸이다. 무수한 경우의 수에 따라 선악은 그 모습을 바꾼다. 때로는 선하다고 착각한 자신이 이미 악의 화신이 돼 있는지 조차 모른다. 기존의 질서가 부족하다고 해서 마구 헤집고 다닐 수 있는 권력이 절대적 선이라고 전제하지 못하기에 기존의 질서가 유지돼야 하는 순기능이 분명히 있다. 이를 받아들이지 않으면 자신만의 성을 쌓는다. 그 성이 권력이 될 때 국가적 재앙과 국민적 가난을 몰고 오는 실책을 범한다. 절대적 선의를 갖고자 행하는 권능이 오히려 헌법 밖의 신분으로 추락하는 최고의 위험성은 헌법적 가치를 온전히 망가뜨릴 수 있기 때문이다. 공수처는 실제로 헌법 위에 군림하는 방식으로 이중삼중의 갑옷을 입었기에 강력한 생존성을 기반으로 어떤 일을 벌일지 예측하기 쉽지 않다.

Q-4. 공수처가 아무리 정의로운 선의를 갖고 있어도 헌법 정신 아래에 있지 않으면 안 된다는 의미는 안다. 어떤 부분이 위헌적 요소가 있는지 구체적으로 언급해 주었으면.

[원문] 인간의 전인적인 능력은 나를 출발로 삼는 자신의 객관화라는 깃발을 내걸어 내면과 어깨동무 한 뒤 수많은 타자와 동기화 하는 과정으로 압축된다. 오직 네트워크에 분산된 자신의 에너지가 자신의 존재를 결정할 뿐이다. 자아가 없으면서도 강력하게 존재하는 이중성의 에너지 원리가 정밀하게 작동하는 시스템이다.

▶부의 열쇠 - 제4부 부자로 남는 길 : 인간의 전지전능(2)

A. 공화주의 정치체제는 자아의 자유를 극대화 하면서 그 자아들 간 치밀한 견제 네트워크가 작동하도록 하며 유지되는 권력 분산의 구조다. 공수처는 이런 집단지성의 기막힌 시스템을 망가뜨리고 특정 권력자의 힘 또는 에고(자아)만 키워줄 가능성을 높였다. 역사를 보면 이런 나라들은 대부분 쇠락하거나 망했다. 실제로 공수처법은 처장이 헌법 제12조가 규정한 기소독점권을 갖는 검사, 헌법 제88조 절차로 임명되는 검사들의 수장 검찰총장 등을 좌지우지할

권능을 갖도록 했다. 차관급이 장관급인 검찰총장 목을 잡고 있는 해괴한 현상은 차치한다고 해도 일반법이 헌법의 권능 위에 올라선 것은 가히 막장급이다. 또한 대한민국 헌법은 제65조를 통해 상층부 권력형 인사들에 대한 탄핵주의를 엄연히 채택·운용하고 있다. 국민의 대리인 국회가 헌법상 이들을 탄핵 소추할 권리를 이미 가졌다. 그런데 공수처가 속칭 명줄을 잡은 대상들이 이들과 상당부분 겹친다. 국민이 뽑은 국회가 할 일을 일개 공수처가 더 무섭게 할 수 있도록 하는 권한을 주는 것은 3권분립 기저를 송두리째 흔드는 것이다. 나아가 국민주권주의를 근간으로 하는 대한민국 공화정의 정신을 위배한 것임은 물론 국민을 무시한 처사다.

" **공**수처가 판·검사와 고위직 경찰에 대해서는 수사권을 넘어 직접 단죄할 수 있는 기소권을 갖도록 한 것은 '단죄권의 단죄'라는 실로 막강한 권한을 부여한 것이다. 따라서 위헌소지가 명백한 권한들이 많아 초헌법적 권한을 갖게 된 공수처는 개혁이란 보검을 명분으로 권력과 밀착할 가능성을 키웠다."

Q-5. 공수처는 과거 1990년대 말부터 제기돼 오면서 김대중-노무현 정부 시절에도 개혁과제로 올랐던 사안이기에 어제 오늘의 일이 아니었다. 그 정신을 받은 현재 여당인 더불어민주당이 개혁과제를 완성했다고 보는 시각은.

[원문] 사랑은 완성되지 않는 무한한 불완전함 때문에 활력이 반드시 넘쳐야 하는 생명의 숭고한 가치다. 그래서 일을 사랑할 때 무한한 희생과 책임이 동반된다. 가깝게는 가족, 크게는 국가와 인류에 공헌하는 사랑이 발현된다. 완성되는 사랑이 가능하다면 사랑은 그 순간 존재하지 않는다.

▶부의 열쇠 - 제5부 돈의 미학 : 이성의 가치(1)

A. 공수처법이 국민을 사랑한 의도를 갖고 있다고 해도 완성을 향한 지나친 욕심 그 자체가 과욕이다. 결국 국민에 대한 사랑을 버린 채 어느새 자신만의 권력에 집착한 모습을 보게 된 것이 작금의 양상이다. 헌법 이상의 완성욕은 반드시 권력을 잃게 돼 애민주의를 막는 장애요인로 작용한다. 헌법 이상을 지향할 때 수많은 새 갈등들이 생겨나고 다시 촉발되기 때문이다. 다만 초헌법적인 행위를 해서라도 국민들에게 이익이 되고 도움이 된다면 개혁과제의 완성이라는 주장에 양심이 묻어난다고 할 수는 있다. 하지만 공수처 신설은 오히려 두 가지 측면에서 심각하게 국민에 위해를 준다. 그 하나는 국회가 스스로 법이 정한 기본 원칙과 룰을 무시한 채 동상이몽의 여야동맹이라는 해괴한 힘의 결사체로 변질됐다는데 있다. 국회는 공수처를 통해 선거로 뽑아 준 민심이 반영되지 않은 반동적인 민의의 전당으로 전락했다. 공수처법을 처리한 4+1이라는 여당 중심의 돌연변이성 세몰이 단체는 국민이 준 신성한 권한을 내팽개치는 권력 나눠먹기 게임을 벌였다.

Q-6. 4+1에 대한 비판은 이해가 가는 측면이 있다. 공수처가 이런 4+1이 탄생한 문제 말고도 국민들에게 어떤 위해를 가할 수 있다는 것인지.

[원문] 시장의 질서에서 암적인 존재는 무능력자들의 허위다. 무능력은 무한경쟁의 부가가치 질서에서 살아남기 힘들 것이라는 패배주의에 들어간 부류다. 차라리 실패한 자들의 함성은 새로운 부가가치를 키울 싹이 된다. 하지만 부가가치 경쟁에서 발을 한 발짝만 걸치고 있거나 아예 빼버린 무능력자들은 무한경쟁의 질서를 왜곡하기에 여념이 없다. 자신의 뿌리만 나뭇가지에 내거는 것이 아니라 다른 사람들의 뿌리도 뽑아 가지에 내건다. 그리고 그렇게 하는 것

만이 태양의 빛을 받는 생존의 길이라고 스스로 귓속말을 한다.

▶부의 열쇠 - 그로테스크 노트 : 뿌리달린 나무(1)

A. 국민을 위하는 척 하면서 국민에 해가 되는 것처럼 무능력한 것은 없다. 이들 부류는 말도 안 되는 방식으로 정의와 결실을 외치지만 늘 공허한 메아리만 울린다. 경쟁의 질서와 차별을 악으로 치부하다보니 자신들부터 무능해진 결과다. 그 패배주의가 되레 정의와 결실의 깃발로 내세워지지만 진짜 형상은 자신 뿐만 아니라 다른 사람들의 뿌리까지 뽑아 나무 위에 내걸고 태양 빛을 받으려는 욕심이다. 공수처가 그 뿌리 달린 나무의 형상이다. 공수처가 민심과 다른 권력형 거래로 탄생한 문제 이외에 더 심각한 것은 그 기능 안에 국민들에게 직접적으로 미치는 위해요인이 잠재돼 있는 부분이다. 공수처는 민생치안이 심각하게 요동치는 상황이 닥칠 시한폭탄이다. 법원과 검 · 경의 수뇌부를 비롯한 판 · 검사들 전원이 윗선의 눈치를 보는 상황은 소신 있는 업무에 상당한 혼선이 가중될 가능성을 만들었다. 민생치안 보다 적당주의, 눈치 보기, 기회주의, 줄서기, 보신주의 등이 만연해질 공산을 키웠다. 그 피해는 고스란히 국민들에게 돌아간다.

Q-7. 공수처가 여러가지 문제를 내재하고 있다고 하더라도 막강한 사법부와 검찰의 권력을 어느정도 제어해야 할 필요성은 계속 제기되고 있다. 공수처가 아니라면 다른 대안은 있을까.

[원문] 사람과 사람 사이에서 활동하는 자유 에너지는 사람에 의해 선과 악의 경계선을 넘나들며 칼이 되기도 하고 방패가 되기도 한다. 이는 자유에 의한

전쟁이다. 치열한 삶의 투쟁이 연속되면서 생명유지 시스템은 피로해진다. 하지만 자유의 눈은 현상계를 한 차원 위에서 볼 수 있는 특수한 시력을 가졌다. 이 시력을 강력하게 유지하는 길은 자유의 그라운드에 생명들의 공간인 현상계 시장을 넣어주면 된다.

▶부의 열쇠 - 그로테스크 노트 : 눈 내리는 여름(1)

A. 검사의 기소독점권을 기반으로 한 국가소추주의를 채택하고 있는 상황에서 기소권의 분점, 그것도 '단죄의 단죄'라는 옥상옥식 방식은 외견상 강력한 개혁 같지만 실상은 권력다툼만 낳는다. 전 세계적으로 경쟁이 가장 치열한 국가 중 하나인 우리나라는 범죄 발생 가능성이 높으면서도 치안이 잘 확보돼 있는 면을 각별히 봐야 한다. 독점권의 남용이 일부 있다고 하더라도 그 속에서 우리 사회의 치안질서가 유지되는 것을 똑똑히 목도해야 한다는 의미다. 공수처를 설치하지 않고도 우리는 현재의 사법부-검찰권으로 남부럽지 않은 소기의 목적을 달성해 왔다. 충분히 주어지는 자유시장의 치열한 경쟁들이 사법권-검찰권을 자연스럽게 강화시켰다. 자유시장의 주인공인 우리가 선악을 넘나들며 경쟁할 때 우리를 제어해 준 보이지 않는 권능이 사법-검찰의 힘이다. 이들을 어느 한순간 무력화 시키면 자칫 오늘의 대한민국을 만든 시장의 부가가치 질서까지 무너진다.

(3) 소득주도성장론과 자영업

가난 내모는 소주성에 직격탄 맞은 서민들의 눈물
결실의 옥토 황무지 만든 반시장 정책

"시장에서는 생명의 질서처럼 늘 임계선상에 진행되는 상대적 우위 경쟁이 치열하게 일어난다. 이 경쟁이 힘들지만 부가가치(富)를 생산하고 생존해 가는 역설의 질서다. 소득주도성장은 이를 간과한 채 일종의 스테로이드제 처방을 한 것이기 때문에 고용자도 근로자도 모두 사지로 내몰리는 전대미문의 자영업 한파를 몰고 왔다."

Q-1. 2019년 국내 자영업자들은 역대 가장 힘든 한해를 보냈다. 각종 통계를 보면 자영업은 작년 한 해 외환위기 이후 가장 심각한 위기 상황을 보여 그 근본 원인이 궁금한데.

[원문] 임계 에너지를 사용할 수밖에 없는 패턴이 정착돼 있다면 그것은 이기적인 속성과 이타적인 속성이 대칭을 이루고 있다는 의미다. 극한의 경쟁이 이어지고 늘 에너지를 최고치까지 투자하는 패턴은 자리이타(自利利他)의 개념이다. 탐심과 이타심의 혼재다.
▶부의 열쇠 - 제1부 에너지 얼개 : 시간 속 에너지(2)

A. 2019년 자영업 한파가 역대 가장 심각하게 불어 닥친 것은 여러 가지 원인이 있지만 가장 큰 요인을 보는 것이 중요하다. 국내외 경기 동향을 보면 개략

적인 원인이 잡히지만 거시적인 요인의 경우 불황기는 물론 활황일 때도 자영업자들에게는 희비가 엇갈리는 가변성이 있다. 거시적 요인이 지금과 같은 전방위 자영업 한파의 근본적인 원인이라고 하면 보편성을 갖기 어려운 이유다. 하지만 어떤 대응책도 백약이 무효인 큰 원인이 하나 있다. 그것은 시장에서 일어나지 않고 정부의 잘못된 정책으로 촉발됐다. 시장은 치열한 경쟁이 단 한 시도 멈추지 않는 임계선상에서 생사를 좌우하는 생존게임이 벌어지는 곳이다. 이 경쟁이 생명의 질서처럼 역동성을 띠면서 자영업자 모두에게 도움을 주는 환경이 만들어 진다. 자유시장은 그 상징성을 갖는다. 일례로 시장에서도 동종의 업종들이 모이면 경쟁 속에서 상호 도움을 주고받는 일이 흔하게 벌어진다. 그 판단을 정부가 인위적으로 하면 생산적인 경쟁의 임계질서가 무너진다. 작금의 자영업 위기는 시장의 질서를 마구 헤집어 놓은 소득주도성장(이하 · 소주성)이 근본적인 영향을 미쳤다.

Q-2. 2019년 3분기 기준 사업소득 연간 감소율이 통계작성 이후 최대폭인데다 종업원이 있는 자영업자 수 감소규모 또한 외환위기 이후 가장 많은 19만명을 기록했다. 이런 원인의 기저에 소주성이 있다는 것인가.

[원문] 자본시장은 생명활동과 같이 주체적 자아가 전진해 가는 멈추지 않는 진행형의 모습으로 항상 꿈틀댄다. 자본시장의 자유는 객곽전이고 보편적인 진리가 아닌 개인의 변화무쌍한 것만이 존재한다는 사실이다. 정해진 것이 없는 무한 선택의 자유에 의해 무한의 자유가 조응하고 있다. 그래서 자유에 대한 변화는 필수다. 변화해 가면서 나아가야 하는 생존의 싸움들이 정당화 되는 것은 상호 이익에 부합하기 때문이다. 자유시장에서 자본의 흐름 전체가 하나

의 생명체 같은 자가운동의 에너지 흐름이다.

▶부의 열쇠 - 제2부 자본주의와 돈 : 자본의 응집력(2)

A. 자유시장은 정치처럼 늘 변화무쌍한 일종의 유기체 내지 생명체다. 자유가 시장의 생명을 유지하는 에너지 역할을 하면서 그 시장의 사람들은 단 한시도 멈추지 않고 일을 한다. 그 일은 수시로 위태로운 환경을 만난다. 그리고 변화 무쌍하게 움직인다. 소주성은 자유시장이 이 같은 위기의 임계선상에서 존재 하지 못하도록 하는 역할을 하고 있다. 매순간 변화하는 시장이 사람에 대한 차별을 낳는 것이라고 본 결과다. 사회주의 내지 평등주의를 우선하는 관점에 서만 보면 차별은 만악의 근본이 틀리지 않아 보인다. 하지만 이런 경직된 이 상주의에 빠지면 정작 개인의 자유보다 공동선이라는 미명하에 전체주의에 빨 려드는 현상이 발생하고 만다. 이 때 시장의 결실(富)을 보지 못하거나 거부하 기까지 한다. 소주성은 자유시장의 위태로움을 거부하고 있다는 것이다. 매순 간 위기에 대처하고 또는 감수하는 개인들의 무한 자유는 변증의 논리로 변화 또는 진화해 가면서 모두에게 풍요를 선사해 준다. 이런 사실을 고의 내지 악 의적으로 거부한 채 차별 없는 세상이라는 이상주의 도그마에 빠진 논리가 소 주성의 정체다.

Q-3. 서강학파의 성장논리 우선에 경도된 것 같은 주장으로 들린다. 성장이 우선시 되 는 것은 이해되지만 성장 지상주의가 과도하면 그 또한 성장의 발목을 잡는 것도 상식적 수준의 지식 아닌지.

[원문] 돈이 갖는 악마성의 정체는 인간이 다른 인간에게 상처받지 않으려는

강력한 본능의 방어기제 에너지다. 반면 돈에 내재한 천사의 얼굴은 내 안의 타자가 강할수록 그것을 내려놓고 타자를 자신으로 동질화 하는 일의 가치에 몰입한다. 진실의 나는 곧 타자들 속에 있고 만인 속에 있기에 돈의 악마성으로부터 자유롭다.

▶부의 열쇠 - 제3부 부자로 가는 길 : 초에너지 법칙(1)

A. 성장 지상주의가 옳다는 것이 아니다. 성장할 환경을 무시하거나 잃으면 안 된다는 것이다. 성장 환경은 자신보다 타자와의 네트워킹을 우선하는 사회 분위기다. 기업이 커갈수록 사회와의 더 많은 관계를 유지해야 하는 배경이다. 우리경제의 주축인 대기업들이 거둔 결실에 대한 낙수효과가 없다고 해서 그것이 대기업만 독식하는 성장지상주의라고 규정하면 안 된다는 점이다. 대기업도 서민들의 자영업처럼 경쟁과 효율이라는 임계선상에서 극적인 생존투쟁을 하기는 마찬가지다. 자영업은 대기업이 만든 결실을 직접 나누는 방식으로 생존할 수 없다. 직접적 낙수효과는 돈의 악마성을 추종하는 이상주의 태도다. 자영업은 대기업들이 만드는 일종의 '부가가치 밭'을 통해 진짜 낙수효과를 누린다. 돈의 선한 가치가 이 때 순환한다.

Q-4. 대기업들이 크고 많아질수록 시장이 커지고 덩달아 소비환경이 확대돼 자영업 시장이 활성화 된다는 것은 이해한다. 소주성 정책도 장기적으로 보면 소비환경을 늘릴 수 있을 뿐만 아니라 분배의 정의까지 실현할 수 있지 않은가.

[원문] 주인은 무죄다. 주인 정신은 무죄다. 자유는 주인이 무엇인지를 가르친다. 자유를 통해 양심의 책임범위를 알아갈 때 모두 주인이 된다. 따라서 원죄

가 아닌 자유의지 선택은 하늘의 도덕이다. 자기 스스로 기준점을 찍지 못하는 노예의 근성이 죄의 원천이고 싸움의 원인이 된다. 본래 노예로 만들어지지 않고 주인으로 창조된 것이 인간과 자연의 기본 질서다.

▶부의 열쇠 - 제4부 부자로 남는 길 : 신성의 능력⑵

" **자**유시장에서는 단 한시도 변하지 않는 것이 없을 만큼 변화무쌍하기 때문에 변화에 머뭇거리거나 둔감하면 쇠퇴하거나 망한다. 퍼주기 같은 사회주의 정책은 이런 불가피한 성장논리보다 분배라는 명목의 포퓰리즘을 내세워 변화에 둔감하게 만든다. 결국 모두가 동반 추락하는 상황을 불러온다."

A. 대기업이 만든 결실이 낙수효과가 없다고 하면서 소주성으로 맞불을 놓는 것은 기업, 자영업, 국민 등 3자가 다같이 죽자는 것과 다르지 않다. 다시 말해 주인을 노예로 만드는 일이다. 지금 그 현상이 드러나고 있다. 자영업 위기의 본질이다. 소주성이 소비환경을 만들 수 있다는 것은 인간의 본성 중 악마적 요소인 게으름과 나태 및 요행 등을 조장하는 문제를 간과한 착각이다. 돈을 일방적으로 주머니에 넣어주는 것은 천부인권인 자유를 개인들 스스로 부지불속 구속하도록 강요하는 것과 다르지 않다. 노예정신의 강요다. 소주성이 국민 개개인에게 자유의 발목을 묶게 하다 보니 주인들로 하여금 주인정신을 망각하게 했다는 것이다. 낙수효과가 없다고 하는 발상 자체가 자유시장의 주체인 자유인들을 무시하고 경멸해 끝내 구속하는 판단이다. 자유시장의 사람들은 본래 지위고하를 막론하고 생명의 질서에 의해 강력한 주인의식으로 무장해 있다. 이를 망각한 소주성으로 인한 자영업 위기는 결국 백약이 무효인 상태를 만들었다.

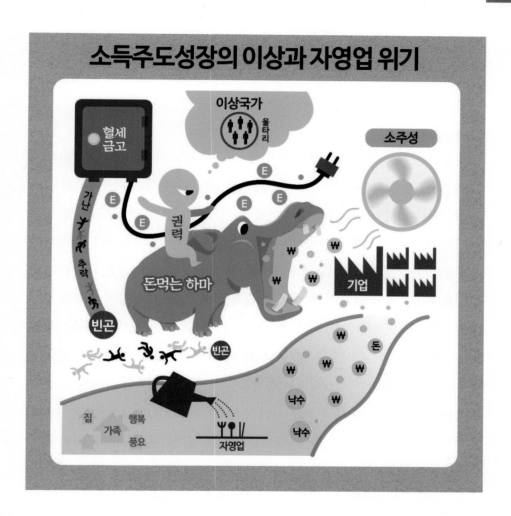

소득주도성장의 이상과 자영업 위기

Q-5. 대기업의 직접적인 낙수효과는 물론 소주성을 통한 직접지원 등을 모두 포기해야 한다면 자영업을 활성화시키기 위한 대책은 진짜 없다는 의미로 들린다. 정부는 뒷짐지고 가만히 있어야 하나.

[원문] 자유의 선택인 의지의 무한 확률이 자유시장 역동성의 기둥이라면 그 의지의 준칙은 자기역동성으로 인한 갈등을 통제하는 도덕률로 나타난다. 준

칙은 개별자들이 자발적으로 만들어 내는 것 같지만 분산된 이성의 에너지들이 상호 교감하고 소통하는 흐름 속에서 비자발적으로 상호 생성된다.

▶부의 열쇠 - 제5부 돈의 미학 : 이성의 가치(2)

A. 정부는 자영업 활성화를 위해 해야 할 아주 중요한 과제가 있다. 말만 번드르르한 포용적 성장론은 현실에 맞지 않는다. 포용과 성장은 기본적으로 서로 맞서기 때문에 함께 어깨동무하기 어렵다. 더구나 강력히 간섭하겠다는 의지가 깃들어 있어 시장의 입장에서는 포용이 아닌 강제 뿐이다. 시장의 정밀한 자율 통제장치는 국부론 이후로 큰 줄기에서 변함이 없다. 지금은 과거보다 더욱 정교해졌다. 따라서 정부가 해야 할 숙제는 국내외 경기동향에 영향을 받지 않거나 최소한 덜 받는 경쟁력이 좋은 가게나 기업들이 클 토양을 일구는데 있다. 그 방식은 시장의 자유를 획기적으로 확대하는데 있다. 시쳇말로 규제 철폐이지만 그 조치로 더 치열해지는 경쟁과 효율이 늘 극대치를 유지할 수 있도록 하는 노력을 정부가 해야 하는 것이 요체다. 자유시장의 강력한 개인 간 역동성과 그 속에서 상호 간 정하는 의지의 준칙은 견제와 균형에서 기막힌 도덕률을 수시로 만들어 낸다. 정부는 시장에 대해 이런 믿음을 갖고 있어야 한다. 이때 제대로 된 규제철폐가 나온다. 이를 전면 거부해 물과 기름처럼 시장과 겉돌게 한 정책이 소주성이다.

Q-6. 자영업을 살릴 원론적 수준의 접근이 아닌 세부 대책을 듣고 싶다. 정부가 구체적으로 무엇을 해야만 자영업이 살아날 수 있다고 보나.

[원문] 자유는 네트워크를 무한 확장하면서 무한 분기하는 정해지지 않은 길을

정밀하게 질서화 시켜 나간다. 따라서 힘이 강하면 무한히 많은 변수들을 더 많이 소유하게 된다. 보다 많은 변화를 소유할수록 자유는 강한 힘을 발휘한다. 강한 자유는 무한히 발생하는 변수들을 자신의 중심으로 동기화 시킨다. 무한 경우의 수들이 중단없이 자신과 동기화 될 때 목표는 점점 더 선명해지고 끝내 꿈은 현실이 된다.

▶부의 열쇠 - 그로테스크 노트 : 물이 없는 생명(2)

A. 자유시장에서는 자유가 많을수록 다양한 반칙 · 변칙을 넘어 불법 · 탈법 등이 더 일어난다. 이 같은 문제들에 대한 감시 · 관리의 기능을 정부가 아닌 제3자가 하도록 해야 한다. 제3자는 저마다의 사업자들이다. 자영업과 기업 등에 대한 사업자의 자율경쟁을 촉진하고 자율관리를 통한 건전한 시장질서를 유도할 때 정부의 할 일은 무위(無爲)라는 태도로 완성돼 간다. 소주성은 그 반대로 유위(有爲) 하는 정책이기 때문에 시장의 치열하면서 정교한 질서를 망가뜨렸다. 정부는 경쟁을 촉진하고 효율을 높이기 위한 방안으로 자영업자들의 경쟁력 향상을 위한 다양한 경험과 훈련 그리고 교육의 기회를 제공해야 한다. 아울러 최저임금이나 주휴수당 등을 정부가 통제하면 안 된다. 무한분기하고 변화하는 특성인 이들 정책을 시장에 믿고 맡겨야 한다. 나아가 근로기준법의 근로시간이나 업무범위 등의 규정도 반시장적인 부분은 뜯어 고쳐야 한다. 시장의 부가가치(근로) 질서에 정부가 정하는 기준이 너무 많고 세부적이며 지나치게 징벌적이다. 이를 전면적으로 개선해야 한다.

Q-7. 소주성의 근간을 모두 폐기하고 원점 회귀해야 하는 것은 물론 근로기준법 자체도 문제가 많다는 이야기로 들린다. 그것이 자영업을 살리는 대책이란

뜻인지.

[원문] 자본가는 투자를 통해 부를 많이 가져갈 잠재적인 바잉파워를 키워가는 것에 항상 사활을 건다. 따라서 자본가는 부를 많이 가져가는 환경이 확정된 것을 향유하는 것이 아니다. 미지의 성공확률에 따른 위험투자가 늘 이익이 보장되지 않는다. 선제적 투자에 따른 이 같은 자본가의 결핍은 그래서 필연적인 공동의 이익을 만든다. 자본가는 설사 이익을 많이 가져간다고 해도 그 이익이 항상 자신의 소유로 담보되지 않는 불안한 상황 속에 있다. 그 불안이 모두에게 이로운 이익의 시작을 알린다.

▶부의 열쇠 - 저자와의 대화 중 부의 역학-결핍의 역동성(1)

A. 소주성은 자유시장이 원활히 돌아갈 수 없는 반자유·반시장 특성이 명확하다. 실속이 없는 화려한 성찬 속에서 모든 경제주체들이 손해를 볼 뿐만 아니라 자영업자들이 최후에서 그 피해를 온 몸으로 받고 있는 상황이다. 임금이나 가계소득을 인위적으로 불려주는 것은 수많은 경제전문가들이 지적하고 있듯이 모두가 함께 먹는 독약이다. 시장의 질서에 의해 임금과 사업매출이 결정되도록 하는 정책으로 당연히 회귀해야 한다. 시장에서 목숨을 걸고 사업을 하는 사업자들을 믿어야 한다. 그 목숨 값이 사업자는 물론 근로자들에게 반드시 순환해 돌아간다. 그 믿음의 1차 조건에 정부나 정치권력이 임금, 근무시간, 휴일, 해고 등 노-사 간 관계에 지나치게 간섭하지 않는 과감한 결단이 있다. 우리의 근로기준법에는 근로자들을 무차별적으로 유치원 아이처럼 보호하고자 하는 틀이 들어 있다. 아이의 성장환경이 폐쇄적인 과보호 틀에 있는 식이다. 자유시장에서는 수시로 폭풍우와 거센 바람이 불어 닥친다. 근로자의 인

권과 최소한의 생활을 보장해야 하는 것은 맞지만 그것이 지나쳐 오히려 근로자들의 삶을 무력화 시키는 사태가 벌어지고 있다. 임금근로자를 상대하는 자영업의 전 방위 위기가 그 명백한 증거다. 자영업을 살릴 대책이 그래도 선명하게 안 보이면 죄악이다.

(4) 무너진 법치주의

선의(善意) 내건 초헌법 행보에 더 쌓이는 악의(惡意)
떼법 빌린 '만능의 보검' 헌정질서 흔들

"아무리 훌륭한 선의(善意)도 이념화 되면 선악을 지나치게 구분해 초헌법 적 배타성을 띠게 돼 악의(惡意)로 변질할 가능성을 키운다. 실제로 이념화 된 수많은 권력은 예외 없이 권력욕에 빠져 불의(不義)의 함정에서 헤어 나 오지 못했다."

Q-1. 대한민국은 헌법을 최상위의 가치로 두는 실질적 법치주의 국가다. 헌법 아래 모 든 법률, 명령, 조례, 규칙 등은 헌법 정신에 맞아야 한다는 것이지만 최근 이 같은 헌법정신이 무너지고 있다고 하는데.

[원문] 인간의 신성이 자유이기에 인위적인 정의는 그 자유를 제한한다. 고통 과 두려움을 본질로 하고 있는 자유 자체에 심판의 정의가 깃들어 있다는 것을 간과하면 심판을 불러들이고 만다. 인위적인 공산사회는 그 정의보다 훨씬 중 요한 자유의 사지를 묶어 절대 공산화(평등화) 될 수 없는 결실의 생산을 막아 버린다. 편향적 믿음으로 한 쪽만을 바라보는 이데올로기의 본질은 결과적으 로 정의의 반대편에 선채 펄럭이는 깃발을 보게 된다. 가공된 정의는 이런 원 리로 화를 불러들여 스스로 형을 집행한다.

▶부의 열쇠 - 그로테스크 노트 : 그림자 없는 생명(2)

A. 법은 만능이 아니지만 특정권력이 법의 만능을 앞세워 오히려 국민의 기본권을 침해해 온 역사가 자주 있어 왔다. 독재정치였다. 법은 형식가치보다 실질가치가 그래서 중요하다. 형식을 갖추되 그 형식이 권력의 수단이 돼서는 안 되는 정신이 바로 법의 실질가치다. 이것이 우리의 헌법정신이다. 문재인 정부가 법의 실질가치를 위해 노력해 온 측면이 있다. 하지만 그 방법들이 헌법가치를 위배하고 있으니 아이러니다. 헌법 위에 국민의 여론을 임차한 다양한 직접민주제 형식이 헌법 위에서 만능의 보검이 됐다. 자연스러움을 내건 작위적이고 인위적인 모순된 모습이다. 과거의 군사독재와는 또 다른 방식의 인공적인 반(反)법치주의 행태다. 절대 도덕심을 앞세운 여론은 다양한 상황에 의해 그 얼굴이 바뀔 뿐만 아니라 보는 사람들도 그 도덕의 모습을 다양하게 판단한다는 것을 모르거나 고의로 간과한 것이다. 헌법 위에 이른바 여론법을 무소불위로 두면 사회가 극도로 혼란해지고 분열되는 부메랑을 맞는다. 헌법정신이 무너졌다는 것은 이를 뜻한다.

Q-2. 국민의 여론을 다양하게 수렴하는 것은 민주주의를 숭상하는 것임은 물론 전통의 민본정치, 애민정신을 구현하는 것이라고 할 수 있다. 여론을 중시하는 것이 왜 헌법가치를 위배하는지 보다 분명한 설명이 필요하지 않을까.

[원문] 사랑의 이중성은 대상성의 존재 및 부존재와 맞물린다. 대상이 존재할 때 아름다움이 빛나고 대상이 부존재할 때 추함이 드러난다. 사랑의 대상성이 부존재에 빠지지 않도록 하는 자가발전이 인간의 조건에 자유와 책임의 가치로 역동하고 있다. 미학을 추구하는 모든 역동성이 곧 존재의 대상성을 만드는 책임의 과정이다.

▶부의 열쇠 - 제5부 돈의 미학 : 인간의 조건(2)

A. 여론이 신성의 가치처럼 절대적인 도덕성을 갖고 있으면서 항상 선한 결과를 만들어 내고 모든 것을 포용(또는 사랑)한다면 여론정치 메커니즘은 필요하다. 이 경우 법은 공화정의 부속품으로 전락하거나 필요 없는 상황까지 간다. 하지만 이것이 현실적으로 가능한 이야기인가. 법은 인간 속에 내재한 선악의 이중성에서 악의를 관리·통제하고 선의를 상호 교류하게 하는 합의에 의한 상호 간 사랑과 책임의 안전장치다. 법은 곧 선의의 여론을 합의하는 항시적 진행형의 생명체 같은 것이고, 이를 늘 명문화 하는 도덕성 네트워크라고 정의할 수 있다. 상호 절제의 자유를 인정하는 속에 무한 자유를 만들어 가면서 동시에 책임을 통한 사랑의 실현 과정이 법 정신 속에 깃들어 있다. 법은 가장 이상적인 여론이란 점이다. 이는 다른 상대를 인정하고 조화하는 모습이다. 이 법치 속에 있을 때 상호 안전과 선의를 최대한 보장받는 것이 가능해진다. 반면 여론은 외견만 보면 옳은 듯 보이지만 변화무쌍한 이기적 내면이 숨겨져 있는 경우가 많아 사실은 개인적인 욕망의 분출일 경우가 다반사다. 그로인해 상대 또는 상황에 일관되지 않고 예측불허일 뿐만 아니라 갈등, 분열, 싸움, 미움, 증오를 불러들이는 경우가 많다.

Q-3. 법치 질서를 지켜가면서 여론도 중시하면 훌륭한 애민정치가 된다고 본다. 아무리 훌륭한 법치 또한 만능일 수는 없기에 수시로 민심을 들여다보는 것이 필요한 것은 아닌지.

[원문] 모든 것을 해결해 줄 듯한 정치적 포퓰리즘이 허위와 기만이라는 것을 모두가 인지하면서도 기막히게 통한다. 포퓰리즘을 통한 개인의 영웅심리는 허구의 과거를 만들어 낸다. 또 허구의 미래시간에 대한 두려운 노예근성은 보

호자이자 해결사로 역시 포퓰리즘을 유인한다.

▶부의 열쇠 - 제5부 돈의 미학 : 신의 돈(2)

A. 민심을 부정하는 것이 아니다. 아무리 소수라고 해도 민심을 살피는 것은 대단히 중요하다. 다만 다수의 여론이라는 이름을 내걸고 세력화 될 때 정의로움이 부도덕한 행위로 변질될 수 있다. 정치적 포퓰리즘은 이 같은 민심을 유인하거나 키운다. 이 과정에서 정치는 민심을 대변한다고 하면서 정의감으로 포장하기를 예삿일로 환다. 허구의 정치적 영웅과 이들이 만들어 내는 미래의 노예가 백성으로 잘 만들어지면 결국 망국의 위험이 닥친다. 소위 떼법이 헌법보다 상위에 있다는 비판이 많이 나오는 것이 그 전조증상이다. 헌법은 모든 갈등의 최종 조정자 역할을 한다. 이 조정 위에 군림하는 떼법이 한둘이 아니거나 수시로 발생하면 민심의 선한 동기조차 악의로 바뀐다. 이 때 우리가 사는 세상이 악의의 소굴로 바뀐다. 민심은 천심이지만 그 천심은 이미 헌법에 담겨져 있다. 헌법이 국민의 영혼이라는 말은 바로 그런 의미다. 헌법 밖에 있는 민심을 천심인척 속이면 상호 적의감을 키워 끝내 큰 재앙을 불러들인다.

Q-4. 역사적으로 보면 정상적인 여론조차 떼법으로 묻히는 일도 있었다. 현재 문재인 정부 하에서 잘못된 여론정치 사례들이 있다면 무엇이 있나.

[원문] 부정의 에너지를 모두 포섭하는 속에서 그것과 갈등하는 긍정의 요소를 극대화 하는 것에 대한 믿음의 척도가 도덕률이다. 이는 강한 에너지를 소유하거나 발산하지 않으면 불가능한 일이다. 약한 에너지가 도덕률의 임계치를 끌어올리려 하면 가식이 되거나 두려움의 원천으로 자가발전해 더 나쁜 결과를

가져온다. 스스로 파멸의 길을 가는 것이 그런 위선의 에너지다.

▶부의 열쇠 - 제1부 에너지 얼개 : 에너지 가치(2)

A. 대표적인 것이 탈원전 정책이다. 한 국가의 에너지 수급 정책은 대를 이어 국민 모두의 생명이 걸린 사안이라고 해도 과언이 아니다. 위험하다는 것을 집중 부각시켜 이를 무서워하는 여론을 타고 그런 국민을 정작 '에너지 빈국'이라는 최악의 위험으로 몰고 가면 안 된다. 원전의 안전성·효율성은 이미 수많은 전문가들이 이야기 하고 있다. 전문가들의 의견을 무시한 것이 탈원전 여론에 자기도 모르게 빠진 안타까운 국민들을 진짜 위험으로 몰아가고 있다는 생각을 해야 한다. 과연 이것이 애민정신인가. 위선이다. 또 하나는 이념에 기반한 진영 여론에 너무 한 쪽으로 치우쳐 있는 점이다. 어느 나라든 보-혁의 갈등이 당연히 있지만 건국 이래 현재 우리나라처럼 강한 분열과 반목현상이 심했던 일이 없다. 결사항전 식으로 한쪽만이 옳다는 식은 설사 그것이 옳다고 해도 민심을 헤아리는 방식이 아니다. 이 또한 위선이다. 헌법에 민심이 영혼으로 녹아 있다고 했다. 이념을 헌법과 민심 위에 군림하는 황제로 만들면 안 된다. 성군인 냥 하는 폭군과 다르지 않다. 이념의 배타적 특성은 필연적 수순으로 전체주의 성향을 낳고, 또한 그것을 가리기 위해 다양한 위선을 반드시 키운다.

Q-5. 한국은 지금도 공무원 왕국 또는 법조인들의 천국이라고 할 만큼 공무원 신분이면서 단죄의 심판권을 동시에 쥔 판·검사의 나라라는 이야기들이 곧잘 회자된다. 이들 무소불위의 권력이 불의를 낳아 개혁해야 하는 과제가 법치주의라는 명분에 가려지고 있다면.

[원문] 현대사회의 대부분 민주주의 국가들은 헌법을 통해 인간의 존엄성을 근본가치로 설정했다. 헌법은 인간의 타락을 언어적으로 명시하지 않았지만 타락하지 않는 자유정신을 담고 있다.

▶부의 열쇠 - 제4부 부자로 남는 길 : 타락하지 않는 힘(2)

A. 권불십년(權不十年)이란 말이 있듯이 정치권력은 오래 못가지만 단죄권력은 영원하다는 말이 있다. 한국은 특히 판·검사의 막전막후 영향력이 막강하다는 것을 모르는 국민이 없다. 이로 인해 전관예우 등의 불의가 일반화 돼 돈으로 얽힌 유전무죄 무전유죄 현상을 또한 낳았다. 애초 검찰개혁 명분도 그런 취지에서 나왔음을 이해한다. 공수처 설치와 검·경 수사권 조정이 그 연장선상에서 명분이 내걸렸다. 하지만 이 조차 헌법 정신을 넘어서면 안 된다. 특히 공수처는 앞서 본 글을 통해 상세히 언급했듯이 위헌소지가 너무 많다. 위헌을 개혁으로 포장하는 것은 다른 말로 권력 비대화다. 정의감은 가장 큰 정치적 칼인 탓이다. 정치권력이 민심(헌법)을 전체주의 방식으로 지배하는 수순이 보인다. 나아가 살아 있는 권력을 조사하는 검찰의 사지를 전부 잘라내는 방식이 병행된 것을 검찰개혁으로 받아들이는 국민은 없다. 헌법정신의 검찰 기소권과 국가소추주의를 제한하거나 죽이는 방식은 스스로 '권력의 화신'을 선언하는 것과 다르지 않다. 그 권력이 5년 또는 10년을 넘기지 못하기에 국가 사회적으로 극심한 혼란이 일어난다. 헌법을 넘어선 개혁은 임시처방을 위해 몸을 죽이는 자해행위다. 자유정신의 타락이 일어난다. 빈대 잡으려다 초가삼간을 태우고도 빈대를 잡았다고 자랑한다면 가장 큰 불의(不義)다.

"**도**덕률이 가장 큰 정치적 보검이 되는 것은 일반적인 현상이지만 그 것이 법보다 여론의 힘을 빌릴 때 법치주의 근간을 흔든다. 법치주의 상징인 최고 권위의 조정자 역할을 하는 헌법이 초법적 정의감에 의해 흔들리면 국가는 혼돈과 분열에 빠져든다."

Q-6. 헌법정신을 준수하기 위해 불의를 보고도 모른 척 하고 개혁하지 말라는 뜻으로도 들린다. 헌법을 지켜야 하지만 잘못된 불의는 바로잡는 노력을 해야 한다고 보는데.

[원문] 장인(匠人)의 행복은 부의 결실을 만드는 그 자체에 있다. 부를 통해 권력에의 의지에 빠지거나 오만하지 않는다. 과정의 가치는 결국 강력한 도덕성을 담보하는 시장의 다양한 윤리 기준이다. 헌법정신을 담아낸 네트워크 에너지 속에서 자신의 이타성을 끝없이 지향할 때 오는 행복감은 자유인의 가치이기도 하다. 자유인은 이타성에 거주하고 또한 그때마다 선제적 선택을 통해 이타성을 확보한다. 그 선택의 순간들이 현재의 장 에너지를 더욱 견고하게 만든다. 네트워크 에너지가 강해질수록 살아야 할 삶의 이유와 가치가 더욱더 분명해진다.

▶부의 열쇠 - 제4부 부자로 남는 길 : 과정의 가치(1)

A. 불의에 눈 감으라는 이야기가 아니다. 보다 큰 이타적 가치와 네트워크 역할을 보지 않은 채 불의만 보고 그것을 확대까지 해 근본을 전부 바꿔야 한다는 선동 자체가 잘못됐다. 그 목적이 권력욕으로 이미 변질됐다면 헌법을 바꿔야 하는 수순까지 가지 않을 수 없다. 실제로 문재인 정부는 집권 후 헌법을 제정에 가까운 수순으로 개정하려 했다가 국민적 반발에 밀려 물러난 일이 있다. 그때 우리 헌법의 가장 숭고한 가치인 '자유'마저 빼려 했다. 심지어 사유재산

을 부정하는 부동산 매매허가제가 청와대 핵심인사에서 보란 듯이 나왔다. 부
동산 매매시 시행에 들어간 자금조달계획서 의무화가 매매허가 시그널로 읽힌
다. 헌법을 개정하지 않으면 불가능한 일을 이제 공공연하게 이야기하고 시행
하고 있다. 한마디로 체제 전환이다. 개혁도 좋지만 그 개혁을 빙자한 권력이
헌법까지 바꾸려는 것은 실로 우려스럽다. 열대식물을 어느 날 갑자기 냉대식
물로 바꾸면 자랄 수 있는가. 자유시장경제를 사회주의식 경제로 이식하면 말

라 죽는 것은 자명한 이치다. 우리 모두가 늪에 빠져 아사할 수 있는 환경까지 바꾸는 개혁은 해서도 안 되고 존재할 수 없다.

Q-7. 헌법을 수호하고 법치주의 질서를 유지하면서 잘못된 부분은 개혁이나 개선하는 가운데 완성을 해갈 수 있는 방법은 없는지.

[원문] 자본주의가 수많은 문제점들을 잠복하고 있는 시대는 마치 에덴의 동쪽 같지만 집단지성이 진정한 집단적 자아로 실존하는 한 그 땅에서는 선덕의 향상을 위해 살아 꿈틀거리는 시간이 흐른다. 이 때 악과 악마는 이런 환경들을 싫어 하지만 반드시 기생하고 만다. 악마는 더 타락할 것이 없는 아주 나쁨의 그 상태다. 이런 악마의 타락은 선의 극대화 속에서 자신만의 목적성을 분명히 할 때 나타나는 선의 모습이어서 선으로 위장한 반휴머니즘적 모습이다. 악마는 그 선함을 이용할 때 타락한다.

▶부의 열쇠 - 제2부 자본주의와 돈 : 악마의 타락(1)

A. 어렵고 혼란스러울 때 초심으로 돌아가란 말이 있다. 초심에는 악의가 자리할 자리가 없다. 악마도 없고 악마의 타락도 없다. 우리 헌법은 자유민주주의 시장경제를 근간으로 하고 있다. 이는 건국 정신이다. 우리 모두의 초심이다. 이를 바탕으로 우리는 세계 역사상 전무후무한 번영을 일궈냈다. 이 과정에서 온갖 불의가 많았다고 하지만 그것을 딛고 일궈낸 꽃은 아름답기 그지없다. 현재의 우리가 그것을 누리고 있기에 과거의 불의조차 우리는 무조건 악의 적으로 대하면 안 된다. 미와 추가 상호 반추하며 존재하듯이 불의가 선의를, 선의가 불의를 상호 상관하면서 꽃을 피웠다. 결국 악덕이 아닌 선덕의 결과를

만들어 내는 과정이었다. 반면 이에 반기를 들고 절대 선의만을 주장하면 절대 악의를 반드시 낳는다. 애매한 중도 정치인들도 그런 점에서 늘 존재감이 없을 뿐만 아니라 무책임하다. 어정쩡한 면피성 중간이 아닌 선의와 악의를 모두 아우르며 발전해 가는 강력한 의지 속에 선의를 꽃피우는 정신이 피어난다. 그것이 헌법정신에 녹아든 자유민주주의 시장질서다. 우리는 지금 피눈물과 목숨 값으로 이룬 이 질서를 억지로 되돌리려 하고 있다. 인위적 선의, 인공의 도덕, 권력의 정의 등은 모두 화려하기만 할 뿐 꽃을 피우지 못한다.

(5) 이상적 사회주의

허황된 공산(평등) 사회주의 중병 전염된 대한민국
그럴듯한 비현실 몽상에 죽어가는 국가

"사회주의가 추구하는 평등한 사회는 이데아 또는 낙원을 원하는 인간의 본성을 파고들었지만 인간의 또 다른 강한 본성인 이기심과 시기심을 절대 버리지 못하는 현실을 간과하거나 무시했다. 사회주의는 결국 노동자·농민 등 약자들을 이용한 소수의 권력 발판 위에 전체주의 통치를 정당화 하면서 약자들만 더 곤궁하게 만들고 피폐하게 내몬 결과를 초래했다."

Q-1. 대한민국은 자유민주주의와 시장경제 질서를 양대 축으로 발전해 온 국가다. 최근 문재인 정부가 벌이는 정책들 중에 적지 않은 사안들이 사회주의 성격을 풍기고 있다고 하는 주장들의 근거는 무엇인지.

[원문] 휴머니즘을 기치로 내건 마르크스-엥겔스 사회주의(공산당 선언)가 이상적 현실을 성공적으로 잉태하는데 실패한 것은 오로지 심성가치에만 몰입한 아이러니가 있었다. 학자적 양심은 인본이었지만 그것에 기반한 현실 정치체는 선언적이면서 실천적으로는 대부분 물질주의에 바탕을 뒀다. 노동자·농민의 욕망에 부응하기 위한 정치적 선택이 담아서는 안 될 물질주의였다. 결국 공산주의 휴먼 사회의 구상은 자본주의 아류에 불과했고 자본주의보다 더한 권력욕, 물질욕을 끌어들였다.

▶부의 열쇠 - 제2부 자본주의와 돈 : 무한 창조력(1)

A. 문재인 정부에서 추진된 노골적인 사회주의 정책들이 많다. 이들은 근거 논쟁이라고 할 만큼 애매한 정책이 아니다. 물론 보는 시각에 따라 사회주의 정책이 아니라고 반박할 논리도 있다. 이를 감안할 경우 판단의 중요한 기준은 정책의 지향성이다. 반자유 · 반시장 · 반기업 철학이 담긴 국정의 지향성이 바로 사회주의를 향하고 있는 부분이 많다는 점이다. 이는 확실히 보란듯이 추진되고 있다. 자유주의보다 평등주의를 우선하는 것은 그 대표성을 띤다. 평등의 실현을 위해 국가가 강압적으로 나서고 있는 부분이 다양한 친노동 정책과 퍼주기식 복지 포퓰리즘에서 그대로 나타나고 있다. 요체는 평등주의가 누구든 원하는 행복한 세상인 듯 좋게 다가오지만 인간의 본성은 누구나 평등을 또한 거부하는 심성을 갖고 있다는 데 있다. 개인 모두가 평등한 세상을 마치 무릉도원처럼 생각하는 경향이 있지만 이들 개인은 절대 이런 평등을 받아들이지 못하는 이중성의 모순이 있다. 아무리 잘난 사람도 더 잘난 사람을 시기하는 마음이 있고 아무리 못난 사람도 더 못난 사람을 무시하는 마음이 있다. 평등세상을 구현한다고 해도 그 속에는 반드시 차별의 마음들이 떠나질 않는다. 국가가 배급하는 동일한 물질욕도 불가능하지만 동일한 마음도 생명의 질서에는 가당치 않은 이야기다.

Q-2. 공산주의가 혁명을 통한 프롤레타리아 독재와 사유재산을 부정하는 반면 그 변형된 형태인 북유럽식 사회민주주의는 자본주의를 유지하는 틀 속에서 성공적인 제도의 모형으로 평가받고 있지 않은가.

[원문] 미래의 자본시장은 지금보다 더 치열한 개인의 자유가 극대화 될 것으로 예상되기 때문에 유럽식 사민주의가 역사의 뒤안길로 사라질 환경에 처한다. 유럽이 현재 선진국의 위치를 점하고 있지만 후발국으로 떨어질 개연성이

농후하다. 사회주의 색이 짙은 자본시장의 성격을 다시 변화시키지 않으면 탐닉성이 감소하고 역동성이 떨어진다. 4차 산업혁명이 고도화 되면 유럽의 추락하는 변화 시기는 분명히 앞당겨 진다. 자본의 탐닉성이라는 복구풍이 다시 불면서 인간의 이기심을 자극하는 자유시장의 발상들이 미래를 풍미할 조건들이지만 사민주의 복지국가들은 유턴을 하기 쉽지 않은 저에너지를 쌓고 있다.

▶부의 열쇠 - 제4부 부자로 남는 길 : 원초적 탐닉성(1)

A. 우리도 공산주의 방식이 아닌 북유럽식 사회주의 정책으로 간다고 하면 선진국으로 제도의 근본체질을 변화시킬 수 있는 가능성은 있다. 성장과 복지를 동시에 달성하는 것이 가장 이상적인 탓이다. 북유럽 국가들이 이를 성공적으로 수행한 것으로 평가 받는다. 하지만 이는 현재의 눈이다. 미래의 눈으로 보면 유럽식 복지와 사민주의는 실패를 예견하는 학자들이 적지 않다. 유럽이 다시 동양에 부의 기운을 넘길 것이라는 전망이 그것이다. 공교롭게도 대한민국이 그것을 웅변해 주는 최선봉에 있다. 자유시장경제 질서에 충실해 온 대한민국은 과거 우리가 감히 쳐다보지도 못했던 유럽의 맹주들 보다 대부분 경제규모를 키웠을 뿐만 아니라 수출에서는 압도적 우위에 올라섰다. 작년 GDP 순위로만 봐도 우리가 1조7208억불을 기록해 북유럽 모든 국가는 물론 유럽의 핵심 선진국들을 전부 우리 발밑에 두었다. 과거 1~2차 세계대전의 중심에 있었던 단 네 나라만이 우리보다 앞선다. 그런데 총생산은 속된말로 잠재적 복지 밑천이다. 미래의 대한민국은 유럽 대부분 나라들보다 복지를 실현할 수 있는 기반을 더 크게 닦는 중이다. 이를 너무 서둘러 그 잠재력을 죽이고 있는 것이 작금의 사회주의 지향 정책이다.

Q-3. 아무리 경제력이 커져도 복지가 제대로 받쳐주지 않으면 언젠가 성장의 한계가 있다는 논리가 틀리지 않다고 본다. 성장이 중요하다면 분배를 해가면서 더 큰 성장을 꾀할 수 있다고 보는데.

[원문] 자유시장이 인위적으로 사라지면 인간의 존엄성도 마침표를 찍는다. 사회주의를 가장한 전체주의는 그 상징이다. 자유시장이 인간과 함께 존엄성이 부여되면 돈의 가치 또한 함께 상승한다. 돈의 가치평가 방식이 달라지기는 하지만 돈이 자유시장과 인간 속에서 문명과 함께 역동성이 상승하는 것이 가치의 상승이다. 돈 가치의 상승은 가속계 에너지 근원의 존엄성이다. 곧 일이 갖는 의미는 나날이 중요성을 더해 간다. 그 중요성은 일의 소통이기도 하다. 일의 절대평가 가치가 올라가는데, 상대평가 가치가 상호 소통하면서 절대평가를 견인한다.
▶부의 열쇠 - 제5부 돈의 미학 : 인간의 조건(2)

A. 자유시장의 대척점에 있는 경제민주화에 그런 주장이 주요 맥락으로 들어 있다고 본다. 근로자들의 직업적 안정성을 높이고 사회안전망을 확충해 가면 기업들의 생산성 · 효율성도 높아질 것이라는 논리다. 소득주도성장론도 이 같은 경제민주화 연장선상에서 성장과 분배의 두 마리 토끼를 잡는 담론으로 제시된 뒤 전 방위 실행되고 있다. 하지만 결과는 안타깝게도 거꾸로다. 경제민주화란 미명 아래 자신들의 이득만 챙기려는 귀족노조들의 특권과 기득권 챙기기는 도를 넘었다. 소주성은 더 말할 필요도 없이 망했다고 해야 할 판이다. 인위적인 경제는 결과적으로 인간 자신을 공격하는 칼날이다. 분배 자체가 나쁜 것은 아니다. 하지만 분배 우선주의 평등지향형 사회에서 그 수혜를 받는 사람들의 마음이 선의(善意)라는 가정을 하면 이처럼 엉뚱한 결과가 나온다. 공짜 또는 그에 준한 복지는 악의(惡意)를 조장하는 경우가 더 많다. 이익을 적게 거둘

수밖에 없으면서도 세금을 충당하는 기업이나 자영자들은 적개심을 키운다. 투자의욕이 당연히 떨어지면서 기업활력이 죽어간다. 분열은 더욱 심해진다. 작금의 상황이 그와 같다. 분배나 평등이 꼭 성장을 담보하지 않는다.

Q-4. 자본주의 중심에 있다고 할 미국은 세계 최강의 국가이지만 불평등의 측면에서 보면 우리보다 더한 측면이 있다. 국부가 아무리 커도 국민 삶의 질을 올리는 정책은 시행착오를 감수하고 지속해야 하지 않을까.

[원문] 섣부른 휴머니즘이 산업혁명의 진화를 매개하고 있는 돈 에너지를 악마성으로 규정짓고 시장의 냉혹함을 지탄하지만 거꾸로 돈이 없는 시장을 시험한 사회주의나 공산주의는 혹독한 독재와 가난만을 낳았을 뿐이었다. 인간의 안주에 대한 편안함을 먹고 사는 돈은 단기간 꿀맛을 주는 듯 하지만 반드시 비극적 결말을 맺는다. 오히려 공포를 먹고 사는 치열한 돈은 시장의 순환 사이클 에너지를 키우면서 부의 혜택이 고루 돌아가도록 돕는다.
▶부의 열쇠 - 에필로그 : 자유와 부와 권력(1)

A. 국민의 행복지수나 삶의 질을 올리는 노력은 필요하다. 그것이 성공할 수 있는 정책이라면 당연히 해야 한다. 문제는 누가 봐도 실패할 정책을 고집스럽게 하는 데 있다. 정책 자체의 실패뿐만 아니라 국가 기둥까지 흔들리는 정책은 시행착오가 아니라 절대 하면 안 되는 금도를 넘는 것이다. 섣부른 사회주의 철학이 깃든 정책은 우리와 맞지 않는 옷이다. 경제민주화, 소주성 등에 기반한 각종 정책들을 보면 자유시장과 사적 소유의 근간을 부정하는 요소들이 많다. 이는 부가가치 탄생을 근원적으로 막는다. 부동산은 특히 그렇다. 공개념을 공공연하게 거론하는 것은 사회주의에 근간을 둔다. 실제로 매매거래

시 자금조달계획서 의무화 내용을 보면 입증해야 할 서류만 수십종에 달해 허가제에 준한다. 분양가 상한제 역시 자유시장의 근간을 흔들기는 마찬가지다. 두들기고 때려잡고 감시하는 제도를 시행한다고 해서 국민의 삶의 질이 향상됐는가를 자문해 보면 아니다. 오히려 양극화는 더 심해지고 서민들의 삶은 계속 피폐해져 가면서 부동산 부자들의 살만 더 찌웠다. 시장기능과 순환 그리고 그것에 기반한 부의 창출을 외면했기 때문이다. 우리와 전혀 맞지 않는 옷을 시행착오라고 속이면 안 된다.

" 구소련(러시아), 중국, 베트남 등 사회주의 원조 격인 공산당 1당 독재 국가들이 모두 자본주의 경제체제로 전향적인 방향전환을 한 것은 평등을 우선했던 공산사회가 실패했다는 것을 보여주는 전형적인 사례다. 스탈린, 모택동, 호찌민의 화려한 공산(평등) 이상은 수억명을 죽이고 가난한 평등을 물려줬다. 대한민국이 지금 그 무덤에 들어가듯 사회주의 경제를 지향하는 것은 역사적 범죄다. "

Q-5. 자유한국당(미래통합당)이 정책적으로 내세운 민부론은 국민이 잘 사는 방안을 담고 있는 것으로 안다. 민부론의 내용을 보면 국가 또는 권력의 정책적인 역할도 매우 중요한 것으로 간주되지 않나.

[원문] 인간의 권위와 힘으로 자유를 통제하고자 하는 탐욕이 생명의 원수를 메마르게 한다. 자유를 통제하는 자유가 종국에는 인간 스스로를 죽이는 오만한 행동이기 때문에 그런 식으로 아름다운 세상을 구현한다고 하면 절대 만들어질 수 없는 유토피아가 추구된다. 동화 같은 환상 속에서 살고자 하면 생명의 탄식이 계속되고 끝내 생명들이 없어지는 황량한 사지(死地)가 만들어 진다.

▶부의 열쇠 - 그로테스크 노트 : 숨 쉬는 물(1)

A. 자유시장경제를 존중한다고 해서 국가나 권력이 개입하지 않아야 한다는 의미는 잘못된 해석이다. 자유시장경제를 근간으로 발전해 온 국가들을 보면 당연히 국가나 권력이 개입하는 경우가 많았다. 다만 그 방식이 평등주의 또는 공산주의 범주의 사회주의와는 거리가 멀다. 사회주의는 공산·평등·사람 등을 내걸고 자유를 빼앗거나 억압하기를 주저하지 않는다. 그것이 무산계급의 승리이며 억눌렸던 자유를 쟁취한 듯 보인다. 하지만 그 오만한 자유가 생명을 무참히 죽인다. 유산계급자도 죽이지만 무산계급자도 끝내 죽인다. 프롤레타리아 독재가 자유인처럼 활보하면 황량한 사막만이 남을 뿐이다. 반면 국가가 사회적 약자를 돌보고 복지의 사각지대에 있는 취약계층을 돌보는 것은 당연하다. 이는 사회주의가 아닌 복지정책이다. 성장을 위한 복지는 필요하다. 이것이 또한 복지를 위한 성장의 가치다. 사회주의는 성장을 죽이면서 복지를 키워 민심을 얻지만 끝내 그 민초들의 복지마저 죽인다. 자본주의 복지와 사회주의 복지는 이처럼 정반대의 차이를 만들어 내는 정책이다. 민부론은 시장의 활력을 제고하면서 성장과 복지 두 가지를 동시에 지향하고 있다. 시장경제를 취하는 국가도 이 같은 정책을 펼치는 것은 당연하다. 이 조차 하지 않으면 국가의 존립 가치가 사라진다.

Q-6. 자본주의가 아무리 융성해도 사회주의 이상국가를 지향하는 인류의 욕망은 앞으로도 변함이 없을 것이라는 생각이 든다. 마르크스-엥겔스에 기반한 방식이 아닌 인류의 행복을 완성하는 방정식은 정녕 없는 것인가.

[원문] 식민시대 뿐만 아니라 시장에서는 자신의 뿌리를 뽑는 연금술의 환상에 빠진 탐욕이 늘 적지 않다. 자신의 뿌리를 치켜세워 타인의 물과 영양분을 빨아들이려는 탐심이 시장의 질서를 흔든다. 이들의 특성은 스스로 부가가치를 만들지 못하거나 아예 부가가치에 관심이 없다. 무능력은 그 상징적 잣대다.

이들은 자신의 뿌리 뽑기를 주저하지 않는다. 자신의 무능력을 보지 않는 것은 자신의 뿌리를 뽑는 시작이다. 무능력을 덮기 위해 차별의 정교한 질서를 불평등이라며 자신을 평등의 한 무리로 집어넣는다. 가려진 무능력은 더 포장되기 일쑤다. 가면 속에 들어간 무능력은 타인의 탐심을 유혹하는 깃발을 들어 자기 에너지로 빨아들인다. 이렇게 모아진 위세는 부가가치를 생산하기 보다는 구성원 상호 만들어 놓은 귀중한 부가가치를 서로 소진하기도 바쁜 시스템을 만든다. 그 시스템에는 늘 무능력한 정의가 쓰여져 있다.

▶부의 열쇠 - 그로테스크 노트 : 뿌리달린 나무(1)

A. 386세대인 80년대 학생운동의 정신적 지주였던 정의감 속에는 반제 · 반파쇼를 기반으로 반미 · 반독재 투쟁이 깃들었다. 권력을 잡은 이들은 1987년 대통령 직선제 개헌으로 민주화를 성취했다고 자부하는 가운데 미국을 여전히 제국주의 논리로 규정해 대한민국의 종속성을 지금껏 부정하지 않는다. 친일청산의 훼방꾼이자 독재의 후견인으로 미국은 여전히 우리의 고혈을 빠는 제국주의라는 논리가 유효한 상황이다. 그렇다면 공산당 1당 독재의 중국 · 북한 노선을 타는 것이 이상하지 않은 흐름이다. 나아가 미 제국주의의 그늘을 벗어나 남북간 우리민족의 통일과 번영은 이상하지 않다. 하지만 이것이 환상이라는 것은 즉시 드러난다. 중국이 소수민족들에게 하는 무자비한 지배행태들을 보면 그렇다. 미국은 전 세계를 지배하는 질서자다. 일제가 약탈꾼의 질서자를 자임했다면 중국은 약소국을 지배하는 질서자를 숨기지 않는다. 미국은 일제와 중국의 잘못된 질서를 움켜잡고 이들을 지배하는 질서자를 넘어 글로벌 소통의 패권을 자랑한다. 초강력 헤게모니가 무법의 글로벌 시장에서 경찰역할을 하고 있다. 이를 통해 사회주의가 틀렸다는 것을 힘과 시스템 그리고 부의 질서로 웅변한다. 미국이 물론 인류의 이상국가는 아니다. 하지만 일제–미제로 이어지는 반제국주의 논리에 사회주의가 정의감으로 끼어들어 활개 치면 대한민국은 정말 위험하다. 인류의 행복을 완성하는 절대법칙은 없다. 자유시장의 질서와 미국 중심의 질서를 벗어나지 못하는 한 이에 파도를 타면서 우리만의 시스템을 만들어 가는 것이 중요하다. 작금의 사회주의 행보는 가장 유능한 국민들을 가장 무능하게 만드는 자살행위다.

[3]

저자와의 대화

the key to wealth

(1) 부의 현상 1 – 자유의 본질

☑ 어떻게 읽어야 하나

Q. 책의 내용이 문장은 물론이고 용어도 어렵다. 특히 과학이나 철학 등의 지식이 많지 않으면 읽기가 더욱 쉽지 않다. 자칫 내용이 어렵고 해석이 난해해 독자들이 읽기를 포기할 수 있다. 저자의 조언이 필요해 보이는데.

A. "전문용어를 불가피하게 쓰지 않을 수 없었다. 용어를 일일이 해설하면서 쓰면 중요한 핵심을 더 놓치기 때문에 부득이 독자들이 접하기 어려운 용어를 사용했다. 하지만 과학이나 철학에 관심 있는 독자들에게는 사실 어렵지 않은 용어들이다. 문제는 저자가 직접 만든 용어까지 혼재돼 있어서 읽기가 쉽지 않은 것이 사실이다. 이 또한 내용에 충실하기 위한 일념이었다. 인간과 자연 그리고 돈에 얽혀 있는 저자의 순수한 열정과 의지를 믿고 읽어 주기를 바랄 뿐이다. 시간이 된다면 한번이 아닌 두 번 이상 읽기를 당부하고 싶다. 책을 읽으면서 사색을 더 하면 자연의 질서와 부에 대한 의미가 남다르게 전달될 것이라고 확신한다."

Q. 정신없이 바쁜 현대인들에게 책을 읽는 것 자체가 부담이다. 한 번도 아니고 여러 번 읽고 사색까지 할 여유를 가지려면 무엇을 어떻게 해야 하는지.

A. "책 읽기는 영혼과의 대화라고 생각한다. 주기적으로 육체에 영혼을 불어넣어주며 사는 것이 복된 삶이라고 늘 여겨왔다. 이를 기쁘게 각오한다면 어떤 책이든 책 읽는 시간과 수고는 극복된다고 생각한다. '부의 열쇠'도 인내와 투자가 필요하다. 우선 용어는 처음 접하거나 이해하기 어렵다면 포털을 이용하면 대부분 이해된다. 하지만 같은 용어라고 해도 전체적으로 흐르는 문맥상의

의미가 함축돼 있기 때문에 생각의 여백이 필요하다. 문장을 음미하면서 사색하는 시간이다. 단 하나의 문장도 그리고 단 하나의 용어도 적당히 쓴 것이 없다는 말을 꼭 전하고 싶다. 오랜 공부 그리고 사색과 고민의 흔적이 책에 담겨 있다. 의심 없이 믿고 읽는다면 지금까지 느껴보지 못했던 부에 대한 혜안을 갖게 될 것이라고 본다."

Q. 책 읽기를 어려워하는 독자들을 위해 책의 내용에 호기심을 갖게 할 핵심 내용에 대한 팁을 하나 주었으면 하는데.

A. "책 내용이 전부 중요하다고 말하고 싶다. 책을 쓰는 모든 저자들이 마찬가지이겠지만 문구 하나하나에 심혈을 기울여 쓴다. 그래서 특정 내용이 중요하다고 추천하는 것을 원하지 않는다. 오히려 책의 어디를 펴도 중요한 개념으로 이해할 수 있다고 본다. 목차를 보고 원하는 챕터나 목록으로 가서 해당 내용을 읽어도 웬만하면 이해가 될 수 있도록 책을 구성했다. 제1부 '에너지 얼개'는 가급적 먼저 읽기를 권한다."

☑ 자유의 본질에 대해

Q. 책을 소개하는 미니북을 보면 내용의 키워드는 에너지를 축으로 인간, 돈, 자유시장 경제다. 화려하고 멋진 집을 짓는 과정이 그려진다. 자유가 이런 집에 켜켜이 서린 영혼처럼 기술되고 있는 의미는.

A. "통상 자유라는 말은 흔하게 회자된다. 그 자유의 본질이 무엇인지를 진지하게 고민해 왔다. 오늘날 전 세계적으로 자유의 의미가 많이 퇴색되거나 심지어 부정적으로 왜곡되고 있기 때문이다. 자유를 제한하는 상황들이 많아지

고 있다. 그래서 자유가 '풍요의 본질'이라는 것을 논리적으로 제시하고 싶었다. 결실의 원천인 '에너지'가 시선에 들어왔다. 에너지가 생명과 만물에 가득 찬 힘의 원천이라면 자유는 이 에너지와 필연적으로 얽혀 있는 의식이라는 확신이 들었다. 이 의식의 주체인 인간은 시장경제의 축을 이룬다. 시장은 상품과 서비스를 생산하고 소비하는 모든 곳을 아우른다. 인간과 시장이 있는 곳에 일이 있고 돈이라는 부가가치가 생성된다. 돈은 인간과 얽히기를 반복해 시장의 부가가치를 키워간다. 자유는 이렇게 결실을 만들어 내는 시장의 전 과정에 걸쳐 생명수로 흐른다. 자유는 생명의 모든 과정에 존재하는 부가가치 창출 에너지다. 그 어떤 인위적 제한을 받지 않아야 하는 힘이다."

> "자유는 고통과 두려움 그리고 속박까지 동반하지만 풍요의 결실을 만들어 주는 아름다운 권능이다. 물이 자연의 생명수이듯이 자유는 시장경제의 생명수다."

Q. 자유가 마치 신적인 권능을 갖고 있는 의미로 들린다. 자유는 인간이 만든 제도나 법률 등의 테두리 안에 있다. 무제한의 자유는 있을 수 없기에 신적 능력까지 부여하는 것은 아니라고 보는데.

A. "인류는 역사적으로 그리고 종교나 철학사상 등 거의 모든 측면에서 절대자 신과의 교류를 부단히 해 왔다. 대부분 종교에서도 인간은 신의 분신이기도 하면서 신의 본질을 갖고 있는 존재로 간주돼 왔다. 책에서는 이를 신성의 분유 또는 본유라는 말로 썼다. 신은 모든 진리를 알고 심판하는 전지적(全知的) 존재이면서 진리 그 자체인 전능적(全能的) 존재이기도 하다. 신은 그래서 삼지사방 없는 곳이 없는 무소부재의 전지전능 존재로 규정된다. 그런데 신성을 갖고 있는 인간은 불완전하다. 인간은 신성의 무제한 자유를 본성으로 갖고 있

지만 불완전하기에 자유가 더 역설적으로 필요한 상황이 대두됐다. 이 자유는 인간의 불완전을 신적 완전성으로 지향하는데 반드시 필요하다. 어떤 상황이라도 인간이 스스로 선택할 수 있는 자유가 그 최고의 정점에 있다. 사과를 따 먹은 에덴에서의 선택은 종교적으로 원죄라고 하지만 이후 선택은 부단히 완전성을 향해 가기에 자연의 원리로 보면 자유가 깃든 무죄다. 자유는 신과 인간 사이를 오가는 영혼이다."

Q. 자유의 본질을 설명하는 의도가 이해된다. 하지만 현실에서 자유의 개념을 보다 명확히 이해할 수 있도록 해야 한다고 본다. 우리가 살고 있는 사회나 국가에서 자유의 본질은 무엇인가.

A. "간단히 정리해 보면 이렇다. 인간은 누구나 에너지 역학으로 보면 지구 중력계에 구속돼 있다. 가만히 정지해 있어도 인간은 힘을 쓰고 있는 것과 같다. 힘이 더해지는 가속도 또한 중력이다. 정지하고 있어도 힘이 드는 과정이고 움직이면 더 힘이 들어 일이 되고 노동이 된다. 인간의 몸뿐만 아니라 정신계 영역도 같은 원리로 힘이 든다. 이것이 영육(靈肉)에 모두 실재하는 에너지이며 자유의 실체다. 다시 말해 자유는 힘을 들이는 자연의 운동 메커니즘이다. 힘들지 않고 편안한 자유는 없다. 힘을 쏟는 일에는 수없이 다양한 고통이 있을 뿐만 아니라 예고 없이 찾아오는 어려움들이 추가된다. 자유는 그래서 고통과 두려움을 본질로 안고 있다. 자유는 이를 통해 달콤하고 맛있는 결실들을 만들어낸다. 결실을 향해 가는 생명의 자연스러운 운동 상태인 것이다. 이 운동은 저항을 띠지만 그런 환경이 자유를 존재케 하는 그리고 자유를 더 자유답게 한다. 힘든 저항에 늘 부딪치고 두려움이 몸을 감싸는 우리의 일상적 삶들은 곧 자유가 있다는 증거다. 저항과 두려움이 클수록 더 큰 자유를 누린다. 피하지만 않으면 된다. 값진 결실은 더 많이 맺어진다. 물이 인간과 자연의 생명수인 것처럼 자유는 일과 노동을 통해 돈이란 부가가치 결실이 만들어지는 시장에서 역시 생명수다."

Q. 자유의 본질에 대해 새로운 해석이기에 신선하다. 하지만 본래 구속이 고통이고 자유는 행복하다고 정의해야 맞는 것 아닌가.

A. "구속은 당연히 고통이다. 이는 신체적 구속에 초점을 둔 고통이라고 본다. 신체적 자유 못지않게 정신적 자유가 소중하다. 정신적으로 강제 세뇌를 당하거나 자신의 꿈과 희망을 차단당하는 구속이 있다면 신체적 구속 이상으로 고통스럽다. 자유를 통해 자신만의 길을 걸어가고 개척하는 과정에서의 고통은

의식이 겪는다. 정신적 고통은 반드시 두려움을 동반한다. 바로 의식에서는 이런 자유의 고통이 없는 것이 진짜 구속이고 고통이다. 고통과 두려움이 없는 자유를 찾는다면 현실과는 무관한 유토피아다. 정신적 구속의 극단적 현상인 이른바 왕따는 누구에게나 가장 고통스럽다. 그 고통의 실체는 타인들과 자유로운 소통을 하지 못하는데 있다. 자유는 타인들과 교류하면서 힘이 들고 두려운 과정이나 그 고통을 적극적으로 마주하고 끌어 앉는 힘이다. 이는 네트워크 분산 에너지다. 부는 이런 에너지 분산의 원리를 통해 만들어진다. 소유보다 분산의 능력이 부자의 원리에 깃들어 있다. 분산의 에너지를 쏟을 수 있는 일과 직업은 자연이 준 선물이다."

Q. 정신적 자유에 대한 본질을 더 알고 싶다. 우리들 의식이 자유가 있으면 왜 힘이 들어야 하는지 궁금하다. 자유와 얽힌 의식의 정체는 무엇인가.

A. "자유는 의지를 필요로 한다. 의지는 의식에서 나온다. 보통 의식의 출처는 뇌라고 생각하는 경향이 있다. 하지만 많은 과학자들의 실험결과 뇌는 주체가 아니라 장치에 불과한 것으로 확인됐다. 인터넷 망과 단말기 컴퓨터를 비유할 수 있다. 뇌는 정보를 갖고 판단하는 주체가 아니라 망에서 주는 정보와 결과물을 표현하는 장치에 불과하다. 따라서 의식의 원주인은 뇌가 아닌 무엇이다. 과학자들은 그것을 찾기 위해 여전히 고군분투하고 있는데, 끝없이 미시의 세계를 연구하는 노정도 그 때문이다. 종교계 현자들이나 많은 사상가들은 우리가 사는 현상계가 아닌 절대계에 의식의 근원이 있다고 주장한다. 실제로 이 주장들은 수천년간 상당히 타당한 논리와 논거 그리고 사례들을 무수히 쌓아왔다. 아울러 과학은 원자 이하의 세계인 아원자를 넘어 최첨단 이론물리학

인 초끈이론을 통해 그 세계를 규명해 나가려 하고 있다. 수학적으로는 '리만 가설' 또한 그 열쇠로 부각된 지 오래됐다. 의지와 의식은 인터넷 망처럼 무한히 많은 자연의 네트워크에서 에너지를 가져와 쓸 수 있기 때문에 무엇이든 해낼 수 있는 강력한 에너지다. 네트워크의 망 에너지가 의식의 정체로 강력히 추정되고 있는 것이다. 이는 수많은 수행자들이나 선각자, 현자, 선지자 등이 설파해 온 내용일 뿐만 아니라 노벨상을 받은 일부 과학자들도 동의하고 있다."

> "자유시장은 항상 갈등과 대립이 일어나지만 그 속에서 부가가치가 생성되고 있다. 이 같은 불완전이 잉태하는 돈은 인간과 함께 시장에서 순환하기를 멈추지 않는다."

Q. 자유가 신적인 영역에서 태동해 현실에서 작동하는 에너지라면 인간의 자유가 정해져 있는 것이고 그것은 속박돼 있는 것 아닌가.

A. "중력계에 있는 현실의 자유는 본래 속박돼 있다고 했다. 속박이 없이 자유는 태동하지 않는다. 신성은 그 존재를 드러낼 때 불완전함을 기본으로 한다. 신성의 완전함만 선하고 인간의 불완전함이 모두 나쁜 것이 아니다. 완전과 불완전이 상호 존재를 규정지으면서 자유가 존재해야 할 장(場)을 만들어주고 있기 때문이다. 자유의 역동성은 불완전에 있다. 자유가 존재하는 사회는 늘 불완전하다. 자유로운 사람들이 갈등하고 싸우는 것을 굳이 나쁘다고 볼 이유가 없어진다. 갈등이 자유를 튼튼하게 뿌리 내리도록 한다. 자유시장은 갈등이 복마전처럼 일어나지만 그 속에서 부가가치가 생성된다. 불완전이 잉태하는 돈은 인간과 함께 시장에서 순환하기를 멈추지 않는다. 순환을 통해 결실이 나누어진다."

Q. 자유는 시장경제의 조연 같지만 주연이다. 유달리 부침이 심했던 해방 이후 한국의 자유주의를 깊게 뿌리 내릴 수 있는 새로운 방안은.

A. "자유는 천사도 악마도 될 수 있는 특성을 띠었다. 주연배우로 손색이 없다. 이런 배우를 쉽게 갈아치우면 안 된다. 역대 정권들을 보면 안타깝게도 자유는 숱한 고난의 중심에 있었다. 하지만 자유는 각색이 될 수 없는 영혼이다. 자유를 억압하면 대가가 따른다. 대가는 늘 가혹하다. 자유에 기반해 경쟁하지 않는 사회는 국가와 국민이 가난을 피할 수 없다. 가장 힘든 형벌이다. 가난한 국가들의 면면을 잘 살펴보면 자유의 팔다리가 대부분 묶여 있다. 만물의 에너지를 역동하게 하는 근간을 붙잡고 있는 것처럼 바보는 없다. 자유가 중요치 않다고 생각하는 편견이 훨씬 바보다. 자유를 빼면 뼈만 앙상하게 남는다. 생명의 기운이 사라지면서 끝내 죽어간다. 자유는 시끄럽지만 그럴수록 역동하는 에너지이기에 사회와 국가라는 튼튼한 용기가 잘 보호해 주어야 한다. 그것은 간섭이 아닌 놓아주는 방식이다. 자유로 인해 드러날 다양한 문제들을 중화시킬 장치들이 필요하다. 자유를 생명처럼 생각하는 사회 구성원들이 그 장치다."

Q. 아이들이 자유에 대한 교육을 못 받고 국민들이 자유에 대한 소중함을 몰랐을 때 일어날 수 있는 문제들은 무엇이 있는가.

A. "복제된 아이들이 만들어진다. 일률적인 사고와 정해진 생각의 틀에서 벗어나지 못하는 아이들이 성장하는 것은 국가의 불운이다. 미래가 없는 국가는 국민도 미래를 담보하지 못한다. 자라나는 아이들에게 자유의 소중함을 몸에 체득시키는 것은 국가의 영혼을 지키는 일이다. 공화제 국가에서 자유가 사라지면 공화제라고 하기 어렵다. 북한은 스스로 공화국이라고 하지만 자유가 사

라진 나라를 누가 공화국으로 인정하는가. 북한식 정치제제는 자유가 가장 추락한 형태다. 갈등을 인위적으로 눌렀지만 내부로부터 폭발할 가능성은 얼마든지 열려있다. 대를 이어 자유를 억압한 대가는 상상 이상의 혼란을 불러올 수 있다. 우리가 이에 호흡을 맞추면 같은 불행을 맞는다. 대한민국 헌법 곳곳에 스며있는 자유는 근대사에서 그 어느 나라보다 지난한 과정을 거쳐 왔기에 값진 가치를 갖고 있다. 고통의 크기가 큰 자유를 얻을수록 그 자유가 내뿜어주는 부의 가치는 빛난다."

(2) 부의 현상 2 - 에너지 현상

Q. 자유를 가능하게 하는 의식의 정체가 사람들 간의 네트워크에 분산된 에너지라면 에너지의 정체가 궁금해진다. 에너지는 단순히 힘이라고 생각해 왔다. 그 힘의 근원적인 정체가 무엇인지.

A. "에너지는 일의 원천이다. 자연의 모든 원리는 에너지로 작동한다. 동식물을 비롯한 인간의 생명도 초정밀 장치들이 끊임없이 에너지를 갖고 일을 한다. 일은 가치를 키우는 부가가치를 창출한다. 생명유지의 비밀이다. 우리 삶은 부가가치 에너지로 둘러싸여 있다. 돈은 이 같은 자연의 운동 에너지 결과다. 에너지는 창조의 신성을 갖고 있는 신적 존재에 버금간다. 돈과 인간 그리고 생명은 에너지를 중심으로 사실상 하나로 엮여 있다. 에너지는 수많은 형태로 인간의 문명을 일군 주역인 것이다. 에너지는 인간의 오감에 드러나 보이지 않지만 현대문명의 총아도 됐다. 단 한시도 없으면 현대문명의 모든 것이 무너지는 전기 에너지는 그 상징이다. 과학자들은 수학, 기하학 등을 통해 에너지 원리를 규명하고 수많은 실험을 통해 이를 증명해 왔다. 그 결과 에너지는 숨

은 공신이었고 전지전능의 힘을 가졌다고 해도 무방했다. 에너지는 인간과 물질들을 아우른 용어인 개별자 또는 유한자뿐만 아니라 이들이 생명활동을 유지하고 존재를 가능하게 하는 시공간에도 가득 들어있다."

Q. 에너지는 일상생활에서 흔하게 쓰이는 말이지만 흔하게 사용할 수 없는 의미가 함축돼 있는 것을 알았다. 에너지가 만물의 일을 주관할 수 있는 핵심은 무엇인가.

A. "매우 쉬운 듯한 질문이지만 가장 어려운 질문이다. 굳이 비유하자면 뜨거운 온도가 존재하는 이유를 질문하는 것과 같다. 뜨겁다는 느낌은 일상생활에서 흔하게 접하지만 왜 뜨거운 온도가 생기는지에 대해서는 신의 열쇠를 푸는 일만큼 어려운 일이었다. 열 에너지의 정체가 수많은 과학자들을 괴롭혔기 때문이다. 뜨거운 열은 원자들의 빠른 운동성에 기인한다는 것을 알아내는데 세계 최고의 엘리트 과학자들이 골머리를 앓아야 했다. 에너지의 정체도 마찬가지다. 일을 시키는 힘이라는 것은 누구나 정의한다. 조금 더 과학적으로 풀면 '질량×가속도' 개념이다. 이 정의로도 만족 못하면 공간에 영향을 미치는 벡터량으로 설명될 수 있다. 더 들어가면 더 많은 설명이 가능하지만 전부 난해한 수학과 과학이 동원된다. 그럼에도 인류는 에너지 본질을 정확하게 규명하지 못하고 있다. 이 힘의 원천은 여전히 탐구 대상이지만 '정보'가 원천이라고 보는 과학자들이 많다. 정보 에너지가 만물의 주관자로 올라서면 모든 것이 풀린다."

> "자유와 의식은 변증운동을 통해 테제(정)와 안티테제(반)가 돼 상호 존재를 확인하면서 진테제(합)인 자유의지로 나아간다. 이어 자유의지는 더 큰 자유(정)가 되고 더 큰 의식(반)으로 나아가면서 더 큰 자유의지(합)를 만드는데, 이처럼 반복하는 나선형 변증운동이 운명을 개척하는 자유인의 모습이다."

Q. 통상적으로 에너지와 정보는 전혀 다르다고 여겨진다. 에너지는 힘이고 정보는 힘
　이 아니지 않는가. 정보가 에너지라는 것은 억측 아닌가.

A. "정보를 힘으로 받아들이려면 많이 힘들다. 지금 이 문구를 새김질 해 보
자. 에너지가 정보라는 것을 이해하는데 힘이 든다는 것은 정보를 얻는 과정에
서 에너지가 소요된다는 뜻이다. 실제로 수많은 지식체계는 전부 정보다. 이
들 지식을 얻고 축적하는데 인간의 신체적·정신적 노동이나 각종 장치의 에
너지 등이 투입돼야 한다. 정보는 알려지지 않은 데이터다. 자연에는 여전히
인간이 인지하지 못하는 정보들이 훨씬 더 많다. 이들 정보를 알아 낸 것이 수
학이고 과학이며 기하학 등이었다. 이들 모두가 데이터다. 자연 속에 숨겨져
있는 에너지는 정보의 형태로 존재하고 있다는 것이 이해돼야 한다. 이들 정보
가 없이는 그 어떤 것도 운동하지 않고 만들어지지도 않는다. 정보는 지시하고
명령하는 시스템이다. 지시나 명령은 에너지이고 힘이며 일이다."

Q. 정보를 알아 나가는 과정이 에너지 본질을 규명하는 작업이라는 것을 새롭게 알게
　됐다. 정보의 정체가 다시 궁금해진다. 정보가 어떻게 작동하는 것인가.

A. "일례로 물리학자들은 블랙홀 '사건의 지평선' 너머에 정보가 있다고 이야기
한다. 이곳은 우리가 사는 3차원(시간차원 움직임까지 4차원)과는 다른 고차
원의 세계다. 영화 인터스텔라를 비롯한 많은 영화들이 이런 고차원의 세계를
적잖이 다뤘다. 시공간이 없는 곳이면서 차원이 달라 우리가 도무지 상상할 수
없는 에너지 역학이 있는 곳이다. 철학적인 사유와 종교적 영적 경험을 통해서
그 세계를 상상하거나 간접 체험 할 수는 있다. 종교계 수련자들이나 이른바
영적 성숙도와 도력이 높다는 현자들은 고차원의 세계를 체험했다는 무수한

증언을 해 왔다. 대한민국 국기인 태극기도 현실의 세상과 고차원의 세계를 동시에 상징한다. 만물을 탄생시키는 태극의 원리와 음양오행의 조화를 그렸다. 태극은 마치 우주탄생의 시작인 빅뱅의 특이점 처럼 시공간이 없고 모든 것이 한 점에 있다. 동양의 하느님 사상과 견주어도 손색이 없는 만물의 정보가 태극기에 함축돼 있다. 태극기는 고차원의 본질인 이데아를 상징하고 있다. 우리민족의 수천년 사상인 천인 또는 천손의 배경에 바로 정보가 있다는 것을 암시한다. 자연의 섭리는 인간의 오감 범위 밖에서 작동하고 있다는 사실이 틀리지 않다. 그것이 정보다."

Q. 정보가 인간의 인식 밖에 있다면 그 힘은 인간에게 어떤 식으로 존재하는가. 인간도 정교한 정보로 된 명령에 의해 존재하는 생명체인가.

A. "인간의 몸은 약 70조개에 달하는 세포가 DNA와 RNA 정보에 의해 생명을 유지하기 때문에 죽지 않는다. 아울러 세포의 수명으로 인해 죽은 몸을 주기적으로 갈아 입는다. 인간은 애초 정자와 난자라는 단세포 간의 만남으로 탄생한다. 이후 수많은 신체와 장기가 생기는 성장은 정교하게 그려진 설계도대로 이행된다. 수십만 개의 부품이 들어가는 우주선보다 수천 배, 수만 배 정교한 설계가 현실에 드러나는 것이다. 그 설계의 명령자는 DNA와 RNA다. 세포는 주기적으로 죽는다. DNA는 다른 DNA와 RNA를 끝없이 만들어 생명을 이어가면서 죽어가는 세포들까지 대체시켜주는 명령도 수행한다. RNA 중에는 세포의 죽음을 지시하는 저승사자까지 있다. 초정밀 명령에 따라 생명이 유지되는 인간은 따지고 보면 정보 종합체라고 할 수 있다. 생명이 에너지 자체이기에 정보는 에너지다."

Q. 정보가 명령을 내린다고 해도 그 명령 자체가 스스로 작동할 수 있을까. 정보의 지시나 명령조차 다른 무엇의 영향권에 있을 가능성은 없는지.

A. "정보가 명령체계를 수행하기 위해서는 일정한 패턴과 알고리즘이 있어야 한다. 이것이 힘이 되는 에너지가 된다. 일정한 패턴과 규칙 자체로는 명령이 실행되기 어렵다. 상호 밀고 당기는 인력과 척력처럼 정보의 패턴과 규칙도 서로 반대되는 상반성과 서로 관여하는 상관성을 동시에 가져야 한다. 자연의 섭리가 이런 대칭적 원리를 갖고 있다. 에너지의 원천인 빛이 전기파와 자기파의 밀고 당기는 교란으로 발생한다. 자연의 언어라는 수학이 질서정연하게 수많은 함수와 방정식을 통해 자연의 숨겨진 질서를 보는 것은 우연이 아니다. 수학을 통해 본 자연에 숨어 있는 동력은 규칙이자 패턴이라고 할 수 있다."

Q. 정보가 힘의 원천이라면 인간은 그 정보를 관장할 수 없을 것 같다. 수학적으로 정보의 패턴을 찾아낸다고 해도 그것을 인위적으로 조정할 수 없지 않은가. 인간은 결국 확정된 운명론에서 벗어나지 못한다는 것 아닌가. 자유도 없는 것이고 운명의 개척도 애초 없다고 봐야 하나.

A. "자연의 현상계 밖에서 일어나는 정보 에너지의 패턴과 규칙은 아직 정확히 규명된 바 없다. 하지만 과학적으로 그리고 수학적으로 규명되지 않았다고 해서 진리가 없는 것은 아니다. 오히려 인간의 잣대로 진리이며 진실이라고 생각하는 현상들은 인간의 오감으로 지극히 작은 부분이다. 일부 사상가나 학자들은 인간이 만물의 원리에서 인지하고 있는 원리들은 해운대 모래사장의 모래 한 알에 불과하다고 할 정도다. 인류는 수많은 진실을 여전히 모른다고 해야 한다. 모른다면 진리가 아닐까. 인간은 다행히 오감을 넘어 통찰하고 직관할 수 있는 능력을 지녔다. 역사적으로 위대한 지적 탐구를 해온 수학자,

철학가, 사상가들이 그들이다. 그들은 에너지의 원천인 정보 에너지를 완벽히 규명하지 못했지만 정보가 패턴과 규칙의 힘인 것은 부정하지 않는다. 나아가 이들 규칙들은 무한히 생성되고 있다. 예정론에 의하면 운명은 정해져 있지만 에너지 형태들이 무한히 다양한 방식으로 현상계를 드러내고 있기 때문에 운명은 동시에 정해지지 않았다고도 해도 맞다. 자유가 필요하고 존재할 수밖에 없는 배경이다. 자유를 통해 생명은 자존감을 가질 수 있고 운명을 개척해 나갈 꿈을 꾼다. 정보 에너지가 관장한 세계를 자유가 다시 관장할 능력을 갖출 기회들이 현실에서 무수히 생겨나고 있다."

Q. 자유에 기반한 의식, 즉 자유의지가 새로운 세상을 가꾸고 만들어야 한다고 믿고 있다. 자유의지가 누군가의 명령을 받고 있다고 본다면 삶의 희망이 사라지기 때문이다. 자유와 의식은 어떤 원리에 의해 하나로 작동하는가.

A. "변증운동은 나선형 운동이다. 테제(정)는 안티테제(반)를 통해 자신의 존재를 확인하면서 진테제(합)를 이뤄 나아가고 다시 진테제 자체가 테제가 돼 안티테제를 만들어 또 진테제가 된다. 정반합 변증운동은 이처럼 나선형태로 전진해 나아가기 때문에 에너지를 필요로 한다. 인간의 역사는 물론이고 자연의 현상이 이와 같다. 자유와 의식도 정반합의 원리를 따른다. 자유가 정이면 의식이 반이 되며 합을 이룬다. 이어 그 합은 다시 정이 되고 반을 만들어 또 합을 만든다. 자유와 의식도 대칭성을 통한 '거울의 역할'(상반성)과 '얽힘의 영향'(상관성)을 주고받는 관계다. 이 과정에서 둘 간의 진테제 지속성이 자유의 지이기에 상승하는 나선형 운동을 한다. 상승은 무엇인가를 성취하는 과정을 뜻한다. 진테제 속에는 무한히 생성되는 정보 에너지들을 선택할 힘이 있다. 전자기파의 교란인 빛처럼 정과 반의 교란(상관성 · 상반성)을 통해 나아갈 힘이 생겼다는 것은 현실에서 선택하는 힘의 다른 이름이다. 운명을 개척하는 자유의 모습이다. 이는 매우 강력한 에너지다. 실제로 빛은 에너지 원천이다."

> "자유시장경제에서 목표로 하는 꿈을 이루기 위해서는 만물의 씨앗이자 전부인 에너지의 변화를 일으켜야 한다. 인간의 자유의지가 에너지 원천인 정보(힘)에 영향을 미칠 수 있기 때문에 성공과 실패의 길을 구분하며 나아갈 수 있다."

Q. 자유의지가 운명을 개척한다는 것이 현실로 보면 꿈에 대한 도전이라고 여겨진다. 하지만 모든 도전이 그리고 모든 사람이 성공하지 않는다. 오히려 불행해 빠지는 사람들도 있다. 자유의지가 개척하는 운명은 실패해도 좋은 것인가.

A. "자유의지 에너지는 '밭'과 '길'이라는 다른 특성을 동시에 지녔다. 자유의지는 사람과 사람 사이인 네트워크가 뿌리를 내릴 수 있도록 하는 밭이 되고 있

다. 동시에 네트워크는 자유의지가 다닐 수 있는 길이다. 자유의지는 자신의 밭을 자신의 길로 활용하는 셈이다. 이 밭은 한계가 없이 퍼져 있어 무한자(절대자) 특성이다. 아울러 길을 같이 갖고 있다는 점에서 유한자(개별자)들을 무한히 초연결하는 '사이 에너지'다. 사이 에너지는 힘과 물질이 차지하는 시공간 이외의 모든 에너지의 통칭이다. 자유 에너지는 이처럼 개별자와 무한자를 넘나든다는 것이다. 사이 에너지가 그 가교 역할을 해주면서 현실의 모든 가능성을 열어준다. 이는 자유의지가 성공과 실패를 가르는 원인으로 작동한다. 자유의지로 도전을 해도 불행에 빠지거나 가난해지는 경우는 똑 같은 도전이라고 해도 다르기 때문이다. 네트워크형 자유의지가 도전이다. 반면 개인적 아집으로 네트워크와 울타리를 치는 것을 도전으로 착각하는 경우가 적지 않다. 전자는 사이 에너지의 힘을 받아 성공하지만 후자는 사이 에너지가 개입할 틈이 없어 실패한다. 네트워크를 밭이자 길로 활용하는 네트워크형 자유의지는 실패하지 않는다. 그 선택 과정에서 개인이나 상황마다 혼돈이 있을 뿐이다."

Q. 네트워크형 도전의 개념을 알지만 알고도 실천하지 못하거나 안 될 때는 어떻게 해야 하나.

A. "크게 보면 두 가지의 안 되는 요인이 있다. 자신의 정체성이 잘못된 경우가 있고 외부의 원인에 의한 경우도 있다. 전자는 시간을 필요로 한다. 동시에 훨씬 더 많은 노력을 수반한다. 그 하나가 자신을 명함으로 생각하는 일이다. 명함은 일종의 사이 에너지 역할을 한다. 자신과 타자들 간의 관계에서 힘을 주고받아 교류하는 중심에 자신을 늘 놓아야 한다. 힘을 매개한다는 것은 경쟁이자 사랑이다. 빛의 교란 원리다. 에고를 버리고 상황에 몰입할 때 누구나 가능하다. 후자는 자유의지 자체에 대해 의문을 갖거나 부정하게 한다. 국가

의 정치체나 문화적 요소가 자유의지에 대한 호불호를 가르기도 한다. 공화정이 아닌 공산주의는 인간의 자유의지 자체를 사실상 부정하고 통제한다. 반칙이 많은 사회, 분배 우선주의 사회도 자유의지 자체를 부정적으로 보게 한다. 이런 사회에서는 자기통제가 가장 큰 변수가 된다. 끝없이 자신의 내면을 관찰하면서 능력과 자존감을 키워가는 노력을 게을리 하면 안 된다. 상황논리로 면피를 하기 좋아하면서 도전하는 행위는 필연적으로 망하는 자살행위다. 빈부는 반드시 인과율의 법칙을 따른다. 알면서도 실패하는 것이 아니라 모르는 것을 안다고 착각한다는 사실이 실패의 원인이다."

(3) 부의 현상 3 – 돈과 인간의 질서

Q. 인간과 돈이 상호 호흡하면서 신성의 역할을 수행한다고 했다. 돈이 인간의 자유와 얽혀 한 몸처럼 움직인다고 했다. 어떻게 무기물인 돈이 유기물인 인간 또는 그 영혼인 자유와 하나가 될 수 있는가.

A. "앞서 자유는 힘을 쏟는 행위라고 언급했다. 생명은 힘을 쏟지 않으면 죽는다. 중력장이 미치는 곳에서는 가만히 있어도 일을 하는 상황이 지속된다. 인간에게 자유로운 힘이 없으면 생명의 존엄권 자체가 사라지는 것이 자연의 에너지 얼개다. 인간이 존엄성을 확보하고 주체적인 자아를 형성하는 배경에 선택 또는 결정을 하고 움직이는 이 같은 '자유의 권능'이 있다. 그런데 자신이 갖고 있는 자유 에너지를 투입할 때 소유하고 있던 에너지가 나간다. 일을 강하게 할수록 강한 에너지가 발산된다. 열심히 일할수록 더 많은 에너지를 써야 한다. 고에너지를 일에 발산할수록 이른바 효율이 오르기 시작한다. 효율은 나간 에너지보다 더 많은 에너지가 들어오는 시스템이다. 돈의 근간인 부가가치가 탄생한다. 인류는 이 부가가치를 소통하면서 한 단계 시너지를 더

일으켜 더 많은 돈을 만들어 왔다. 돈과 인간은 하나로 엮였다. 자유의지가 모두 동행한 결과다. 돈은 무기물이지만 유기물과 하나가 돼 순환된다. 생명이 아닌 원자가 생명의 씨앗이 되듯 돈은 유기물인 생명을 유지시키는 씨앗이다. 오늘날 수많은 화폐는 거짓 가치이기에 돈이 아니다."

Q. 돈은 상식적으로 화폐다. 돈을 생명의 원리와 그 부가가치로 본 것은 이해하지만 화폐가 돈이 아니라는 것은 논리가 맞지 않는 것 같은데.

A. "다시 강조하지만 화폐는 돈(Money)이 아니다. 화폐는 통화(currency)다. 실물가치보다 포장돼 유통되는 화폐는 종이이거나 쇳가루에 불과하다. 모두가 가치가 있을 것이라고 단지 믿어주는 게 화폐다. 그래서 신용이란 멋진 말이 붙지만 실체는 본질가치가 없는 공동의 빚이다. 모래사장에 호화누각을 지은 것처럼 화폐의 부풀려진 가치는 꺼지면 사라지는 거품이다. 종이화폐 가치를 금으로 보관했던 달러의 금태환 제도마저 오래전에 사라졌다. 이후 국가의 담보와 공동의 신용이라는 화폐가 시장을 집어 삼켰다. 본질가치인 돈을 유통시키기 쉽게 하기 위한 수단에 불과했던 화폐는 이제 확고한 지배자의 자리에 올랐다. 현대 금융 자본주의 이자율 기반 시스템은 여전히 거짓 풍요를 키우고 있는 중이다. 위험을 자발적으로 키우자 돈에 대한 막연한 나쁜 인식이 확산돼 왔다. 이는 자유시장경제의 발전을 가로 막고 있다. 화폐는 머지않은 장래에 수명을 다할 것이다. 화폐의 흐름을 읽지 못하면 힘겹게 쌓아 놓은 부를 도둑질 당한다."

Q. 화폐가 돈이 아니라면 혼란스러워 진다. 현대 자본주의에서 화폐를 소유할수록 부자가 되는 것은 맞지 않나. 돈의 특성을 조금 더 확실하게 설명해 주었으면.

A. "일에 힘을 쏟는 인간이 자존감을 갖고 효율을 창조해 가는 과정이 돈을 버는 삶이다. 이는 직업적 소명의식이나 행복감으로 표현된다. 인간이 이런 활동을 하는 전 과정이 곧 돈이라는 것이다. 또 수많은 사람들이 서로 소통하며 시너지를 내야 하기 때문에 돈은 순환을 하지 않으면 안 된다. 인간이 만든 재화나 서비스가 돈과 하나가 돼 같이 숨 쉰다. 돈이 순환할 때 일의 결과이자 본질가치가 아닌 이자는 인간의 사치 본성과 교만을 부른다. 화폐를 지나치게 쫓으면 영혼이 빠져 나가기 시작한다는 것이다. 심성이 황폐화 되면서 자유의지도 약해져 간다. 부가가치가 탄생하는 일을 선택하기도 어렵게 된다. 반면 책임 있는 직업정신은 아레테(Arete, 탁월성)로 표현된다. 아레테는 돈이 들어오는 관문이다. 화폐는 탐욕의 문을 열지만 아레테는 책임의 문을 연다."

Q. 사람들은 돈을 소유해야 한다고 생각한다. 자신의 손에 없는 돈은 돈이 아니라고 생각한다. 통장이나 등기부등본에 숫자나 자신의 이름이 올라 있어야 돈이 있다고 생각한다. 이렇게 소유하는 것이 부(富)가 아니라고 하는 것은 어불성설 아닌가.

A. "현대인들이 돈을 소유하는 방식이 틀렸다고 하지 않았다. 부자가 되려면 방식을 달리해야 한다고 했다. 부자는 돈의 많고 적음의 기준이 아니다. 가령 수백억대 돈을 가진 사람의 주변인들이 전부 1000억대 돈을 갖고 있다면 부자라고 할 수 없다. 부는 경쟁 우위가 핵심이다. 다른 사람들보다 상대적으로 많이 갖고 있거나 보다 많은 재화 또는 서비스를 구입할 힘이다. 이 힘을 갖고 있지 않으면 언제든 갖고 있던 부가 쉽게 빠져 나간다. 당장 소유하는 것에 집착하면 돈이 잘 벌리지도 않을 뿐만 아니라 설사 번다고 해도 거품처럼 손에서 빠져 나가는 상황을 간과하거나 모른다. 소유하고자 하는 의지가 강하다면 퍼텐셜 에너지(Potential energy, 위치에너지)를 항상 유념해야 한다. 운동하고

자 하는 잠재된 에너지가 현재 운동하는 에너지보다 강할 때 부의 기운이 몰린다. 운동 에너지는 소유욕이지만 위치 에너지는 소유한다고 하지 않는다. 퍼텐셜 에너지는 네트워크에 분산돼 있으면서 강한 힘으로 돈을 끌어들인다."

> "돈은 시장에서 반드시 순환을 해야 하기 때문에 움켜쥐려고 하기 보다 놓아주면서 순환의 바퀴를 크게 굴리는 것이 부의 길로 가는 길이다. 순환을 크게 시킬수록 자신은 물론 다른 사람에게도 거쳐 가는 돈이 많아지면서 모두에게 혜택이 가는 부를 이루게 된다."

Q. 분산을 통한 소유개념이 잘 와 닿지 않는다. 돈을 버는 동시에 쓰는 능력을 생각하는 것이 부(富)라는 논지도 이해는 되지만 어떻게 행동해야 하는 것인가.

A. "부는 경쟁과 차별이란 요소를 반드시 머금는다. 따라서 부는 자신이 소유한 절대적인 양이 중요하지 않고 돈을 쓸 수 있는 가치가 중요해진다. 부는 그래서 소유보다 더 가치 있게 쓰거나 쓸 수 있는 잠재적 능력이다. 부를 이루고자 한다면 이 원리를 따라야 한다. 인간은 혼자만으로 살 수 없다. 현대사회는 특히 수없이 얽히고설킨 네트워크 사회다. 부는 관계의 망에 일의 가치를 심는 과정이다. 쉬운 말로 일을 누가 더 많이 효율적으로 해서 돌아올 부가가치 양을 키우는 경쟁이다. 효율은 보다 많은 사람들에게 구매력을 키우는 일이다. 경쟁을 통해 일의 부가가치에서 앞서 나가면 부는 네트워크로부터 자연스럽게 들어온다. 돈을 버는 것도 사회 관계망인 네트워크에 있지만 버는 힘도 분산된 네트워크로부터 얻는다."

Q. 구매력에 대한 새로운 시각도 관심이 간다. 구매력을 네트워크 능력이라고 했기 때문이다. 그렇다면 돈이 자신의 주머니에 없는데 어떻게 부자라고 할 수 있는가.

A. "주머니에 있는 돈을 계산하면 속된 말로 쌈짓돈 마인드다. 자신의 주머니로 들어오고 나가는 것을 계산해 더 많은 돈이 있으면 부자인가. 구매력은 단순히 들어오고 나가는 차액으로 만들어지지 않는다. 오히려 그런 계산을 하면 구매력은 떨어지고 더 가난해진다. 구매력은 소유할 돈보다 앞으로 돌아올 돈의 개념이 훨씬 중요한 개념이다. 소유가 아니라 큰 순환이다. 작은 순환이 바로 쌈짓돈이다. 작은 순환은 빨리 돈다. 큰 순환일수록 느리게 돌기는 하지만 많은 돈이 자신을 거쳐 간다. 그 순환을 강력하게 하는 분산의 능력이 부자 될 확률을 높인다."

Q. 큰 바퀴를 굴릴 때 구매력을 통해 자신이 일한 만큼이나 그 이상으로 돈이 자신에게 들어올지 여부를 어떻게 확신하는가.

A. "돈을 쌓아둔 채 순환을 시키지 않는 사람은 돈을 순환시키는 사람보다 절대 부자가 되지 못한다. 오히려 언젠가 가난으로 떨어질 공산이 크다. 이유는 돈이 네트워크에 분산돼 있지 않기 때문이다. 더 많은 분산능력을 갖출수록 더 많은 돈이 들어오는 것은 상식이지만 실천이 어렵다. 위험요인이나 돌출변수가 발생할 수 있기 때문이다. 분산능력은 이들 위험과 변수에 대응하는 헤지(위험분산)까지 해야 할 힘을 필요로 한다. 그 힘이 능력이다. 존경받는 성공을 이룬 많은 사람들은 순환의 정신으로 무장해 있는 경우가 대부분이다. 개인이든 기업이든 돈 울타리를 쌓아 부자가 되겠다는 욕심이 클수록 화를 당한다. 돈이 자신에게 돌아올지 여부를 너무 계산하지 말아야 한다. 돈은 크게 순환시킬수록 더 많은 돈이 자신에게 머무른다는 공식은 수학의 공리처럼 법칙이다. 설사 변수가 있더라도 그만큼 회복된다는 질서를 믿어야 한다."

Q. 구매력이 기업의 제품이나 서비스의 바잉파워에 국한된 것이 아니라 개인의 부가
　가치 능력이라는 논지인가. 돈을 순환시키고 분산하는 능력의 실체는 무엇인가.

A. "두 가지를 잘 살펴봐야 한다. 하나는 돈 자체의 모습이고 또 하나는 돈이
흐르는 시장이다. 우선 많은 사람들이 돈에 대해 편견들을 갖고 있다. 돈은 무
섭고 냉정하다는 시선이자 생각이다. 돈을 번다는 것에 대해 많은 사람들이 좋
게 보지 않는다. 부자에 대한 편견도 많다. 돈의 이런 모습이 있는 것이 틀리
지 않다. 하지만 돈을 순환시키기 위해서는 편견을 버리거나 접어두어야 한
다. 돈에는 인간의 생명 또는 그 생명들의 질서가 함께하고 있는 것이 진실이
다. 가족 그 이상의 존재다. 이를 굳이 무서워하거나 멀리할 이유가 없다. 설
사 돈을 벌기 위해 혹독한 고통의 길을 가고 있다고 해도 그것은 돈 때문이 아
니다. 돈은 사람들 자신의 양심과 얼굴을 반추한다. 돈에 대한 편견은 돈이 벌

리는 네트워크에서 멀어지게 한다. 돈은 자신뿐만 아니라 가족의 생명을 살리는 에너지다. 나아가 돈은 곧 국가이며 국민 전체의 목숨 줄이다."

Q. 돈의 순환능력을 키우기 위해 돈이 흐르는 시장에서 유념해야 할 점은 무엇인지.

A. "돈은 선악을 공유한다. 아니 선악은 하나라는 생각의 전환이 돈을 순환시킬 수 있는 출발이다. 돈을 버는 과정에서 지나치게 선악을 보면 안 된다. 윤리와 도덕을 내팽개치라는 이야기가 아니다. 오히려 책임이라는 강력한 도덕으로 무장하지 않으면 돈을 순환시킬 능력이 약해진다. 또 돈의 선악을 보지 않아야 하는 이유는 돈만을 쫓지 않는 방법이 가장 확실한 길이기 때문이다. 과거의 영화(榮華)나 미래의 뜬구름에 빠지지 않는다. 효율을 높이는 방안에만 몰입하게 되는 것이 돈을 순환시키는 운전대라는 것을 알게 된다. 그 효율은 모두에게 이롭다. 진정성 있게 네트워크에 공동선의 부가가치를 키우는 것이 돈을 순환시키는 가장 강력한 힘이다. 반대로 돈만을 쫓다가 대부분 실패하는 사람들은 돈을 미워하고 무서워하면서 증오까지 한다. 선악을 지나치게 가린다. 그 결과는 무책임, 무소신, 게으름, 회피, 나태, 무력감 등으로 나타난다. 이는 자연의 본질 또는 본성과 어긋난다."

> "선악의 모습을 하나로 갖고 있는 돈에 대해 경멸하거나 두려워하면 자신의 내면이 악한 상태에 있는 반증이다. 돈의 선한 기운인 생명, 사랑, 책임감을 강하게 가질 때 부의 기운을 자연스럽게 가질 수 있다."

Q. 서양의 이데아, 동양의 도(道) 등 자연의 본질이 있다고 해도 극적 모순을 하나로 조화시키는 능력이 인간에게 가능한 것인가.

A. "유무상생(有無相生)과 유무합일(有無合一)은 광의로 보면 같은 뜻이다. 하지만 현실에서 유무의 합일은 불가능하다. 상생 속 본질에 합일이 들어있다고 봐야 한다. 따라서 극과 극의 상생은 우리 현실에서 적을 적으로 간주하지 않고 고통을 고통으로 수용하지 않는 태도다. 행복도 행복으로 오만하지 않고 슬픔도 슬픔으로 받아들이지 않는 특성이다. 상생은 곧 부족함의 최대치 상황인 '결핍의 임계치'에 항상 서 있음을 바라볼 줄 알아야 한다는 뜻이다. 항상 불만으로 가득 차 있으라는 의미가 아니다. 오히려 가장 위험한 아슬아슬한 상황을 수용하는 것에서 나아가 그 위험의 극대치를 유지해야 한다는 것이다. 만물이 우리 현실에 드러나는 원리가 이와 다르지 않다. 드넓은 우리 우주도 중력이 수천 조분의 1 만큼만 달라져도 한 순간에 파괴된다. 벼랑 끝 위험한 역동은 대칭적으로 가장 안정적인 본질을 비춘다. 인간의 능력은 무한하다."

Q. 마치 인간에게 신적인 능력을 요구하는 것은 무리라고 본다. 부족함이 많은 인간이 신처럼 완전할 수 없다고 보는데.

A. "극과 극의 합일은 사라짐이다. 물론 본질로 남아 있겠지만 현실에서는 존재하지 않는 법칙이다. 대칭은 하나가 되면 없음이다. 극과 극의 완벽함은 현상계 삶의 원리가 아니다. 과감히 혼돈에 나서는 임계치에서의 활동이 지혜로운 판단을 이끌어 내고 경쟁에서 이기며 효율을 만들고 돈을 만든다. 이율배반의 상생 논리를 몸에 체화시킬 때 좋은 운명이 만들어지고 강인해 진다. 완전해지려고 극과 극을 부정한다고 한다면 거짓말이다. 그 순간 두려움에 가득차 상황을 피하거나 도망 갈 자세를 취하는 자신을 보면 된다. 완전성을 주장할수록 그 의도를 의심해야 한다. 완벽함은 없다. 극과 극의 상생을 위해 그리고 극과 극의 이데아를 실현하기 위해 현실의 사람들은 끝없이 자신을 결핍의 임계치로 올려놓

아야 한다. 이 때 앞으로 나아갈 정확한 길이 보이고 돈의 길목이 보인다."

(4) 부의 현상 4 - 자유시장 가치

Q. 시장은 재화와 서비스가 유통되는 곳인 만큼 돈이 순환된다. 돈과 재화·서비스의
  큰 순환이 돈을 버는 순환이라고 했다. 어떻게 해야 큰 순환을 할 수 있나.

A. "시장은 냉혹하다. 그리고 차별화 돼 있다. 시장은 절대 평등하지 않다. 이
를 받아들이는 것이 당연한 태도이어야 하지만 많은 사람들이 어쩔 수 없이 수
용하는 경우가 본능적으로 많다. 이를 선제적으로 수용하고 오히려 끌고 가는
것이 돈을 크게 순환시키는 시작이다. 그 하나의 방법이 역설적으로 돈을 놓
아주는데 있다. 많은 사람들이 시장의 용서 없는 차별과 불평등 때문에 돈을
움켜쥐어야 한다고 생각한다. 하지만 이런 태도는 자신을 평등한 게임에 올려
놓으려는 욕심이다. 이는 시장의 공정한 경쟁을 자신도 모르게 방해한다. 평
등하고자 한 마음이 절대 평등한 것이 될 수 없다는 시장의 질서를 자신이 가
장 잘 안다. 시장에서 평등에 대한 끌림은 욕심을 넘어 탐심이다. 그 조차 모
르면 경쟁에서 패하고 가난으로 떨어진다. 위험한 환경을 상황논리로 피하려
하면 섬뜩한 시장의 칼은 언제나 자신을 향한다. 자유시장의 질서는 냉혹하
다. 이 질서에 순응하면 돈의 순환을 크게 돌린다."

Q. 시장은 경쟁도 중요하지만 공정한 룰이 더 중요하다고 생각한다. 반칙을 하는 행
  위가 있어도 그것을 경쟁이라고 수용해야 하나.

A. "공정한 룰이라는 전제가 있어야만 경쟁이 빛을 말한다. 공정하지 않은 룰

로 시장이 돌아가면 그 시장 전체가 나락으로 떨어진다. 국가적으로는 망국이다. 공정한 룰은 돈을 순환시킬 수 있는 시장의 필수 조건이다. 그래서 반칙에 대항하는 방법은 정면돌파다. 반칙하는 경쟁자에게 강하게 맞대응할 수 있는 지렛대 법칙이 자유시장에서 일어나는 경쟁의 실체다. 씨름이나 유도를 생각하면 된다. 다만 반(反) 지렛대 원리다. 반칙은 경쟁에서 이기기 위한 잘못된 일념을 쏟는 행위인 만큼 엉뚱한 곳에 에너지를 쏟게 된다. 이 때 자신의 직업적 완성도인 아레테(Arete, 탁월성)에 지렛대 삼는다는 것은 큰 그림을 그리는 행동이다. 경쟁자의 반칙은 오히려 큰 돈을 순환시킬 기회다. 경쟁자 중 반칙자들이 많다는 것은 큰 부자가 될 토양이라고 믿으면 틀리지 않다."

Q. 경쟁에서 반칙에 대한 배수진을 치는 것이 가장 어려운 일이라고 본다. 반칙에 대응할 수 있는 최선의 태도는.

A. "생명의 질서에는 본래 반칙이 없다. 반칙 자체가 없다는 것이 아니고 반칙이 이길 상황이 만들어지지 않는다. 이 질서를 믿는 것이 배수진이다. 반칙을 반칙으로 대하지 않는 태도로 낙오할 순간에 그 배수진을 친 각오가 최종 승리자를 결정한다. 반칙의 차별을 받아들인다는 각오는 자유시장의 혼돈을 믿는 것이기에 쉬운 일이 아니다. 그래서 이 배수진은 강력한 자유의지에서 나온다. 눈앞에 보이는 실리를 더 의심하고 반칙을 넘어서는 통찰과 직관을 더 중시하게 된다. 이는 시장의 생명수인 자유의 힘을 키우는 일이다. 이 의지가 커질수록 부가가치 효율을 키운다. 효율은 네트워크에서 다른 사람들과 시너지를 내면서 더욱 커진다. 부의 문이 보이고 그 문을 용기 있게 두드릴 수 있는 행동이 나온다. 문을 열어주는 사람은 물론 없다. 문을 노크하는 것은 반칙을 이긴 용기이고 두려움을 극복한 습관이다. 이 문은 굳이 열지 않아도 저절로

열린다는 것이다. 문을 들어가면 이미 효율이 배분된 네트워크가 눈에 들어온
다. 돈은 네트워크를 통해 들어오기 시작한다. 반칙의 차별을 각오한 배수진은
자유시장의 아름다운 꽃이다."

> "자유시장에서 상존하는 경쟁의 정체는 경쟁 상대로 인해 부족함(결핍)의 지속
> 적인 정보를 얻고 그것을 기반으로 승리할 기회를 얻는 상태의 지속인 상황이
> 다. 따라서 이 같은 경쟁에서 가장 좋은 정보는 결핍의 임계치에서 최악의 상황
> 을 볼 수 있는 생사의 정보다. 이를 피하지 않고 응시하면 아무리 어려운 장애도
> 극복할 길을 찾을 수 있다."

Q. 정도를 가면서 경쟁하는 것은 정말 쉽지 않은 일이다. 이를 국가적으로 잘 정착시
　 킨다면 국가와 국민 모두가 함께 부자가 될 것 아닌가.

A. "어느 나라든 공정한 시장경제를 구축하기 위해 애쓴다. 문제는 개인들의
일탈(반칙)이 국가의 노력보다 크면 시장의 질서가 바로잡히지 않는다. 반칙이
일반화 되면 국민 대다수를 범법자로 몰아세울 수 없어 모두가 벼랑 끝을 향한
다. 그래서 국가보다 먼저 개인의 수용 자세가 중요하다. 개인은 차별의 질서
를 수용하고 나아가 반칙의 차별까지 받아들이면서 창조의 힘이 발현되는 것
을 믿어야 한다는 것이고, 이 같은 시장의 치열하지만 비정한 게임에 끝까지
믿음으로 임해야 한다. 이 믿음은 생명의 존엄성을 지키는 자기 자신에 대한
영웅적 태도다. 그런데 일탈을 이끄는 정점에 요행이란 사악함이 자리한다.
요행은 반칙의 지휘자이다. 치열한 현실의 에너지(직업)와 순수 직관의 에너지
(열정)가 합쳐질 때 요행이란 사악함의 유혹을 물리칠 수 있다. 창조는 천사의
선물이지만 위험을 자처하는 계획이다. 요행은 이 계획을 치열하게 방해한다.
국가는 시장에 독버섯처럼 자라는 요행의 잡풀을 지속적으로 뽑아내야 한다.

국가가 이 잡풀을 더 심어 주는 경우가 많다. 국가가 시장에 인위적인 베풂을 행사하면 아름다운 생명의 경연장은 죽음의 땅으로 변한다."

Q. 창조가 번성하는 시장이 아름다운 경연장이라고 해도 꼭 정의가 승리하지 않는 것 같다. 때로는 많은 이율배반적인 일이 일어난다. 이런 모순을 오히려 조화라고 하는 이유가 무엇인가.

A. "세상의 원리는 대칭에 있다. 모든 것이 정반대의 극과 극이지만 조화를 이룬다. 밤과 낮, 남과 녀, 선과 악, 유와 무, 인력과 척력, 음과 양 등은 모두 극과 극이지만 상대가 있어야 존재하는 대칭의 개념들이다. 유무는 상생이고 합일이다. 불연속의 연속도 마찬가지다. 연속하지 않지만 연속되는 것이 에너지역학의 기본원리다. 에너지는 만물을 움직이는 힘이라는 점에서 상극이 되는 대척점 자체가 곧 힘의 시작이다. 엄밀히 모순이고 이율배반인 법칙이 미시에서 거시까지 아우르며 이 세상을 움직이는 정수다. 현대문명의 찬란한 금자탑도 전자의 이동에 따른 극(+)과 극(−)의 조화가 있었기에 가능했다. 우리 태극기의 형상에는 이런 극과 극의 조화 원리가 완전에 가깝게 담겼다. 현실로 보면 모순과 이율배반에 너무 경도되지 말하야 한다는 뜻이다. 모순의 양 극단을 모두 받아들여야 한다는 것이다. 정의는 상황에 따라 그리고 입장에 따라 바꾸면서 그 옷을 수시로 갈아입기 때문이다. 완벽한 정의는 없다. 정의를 진실로 잡으려면 정의에 대한 재단을 지나치게 하지 않는 패러독스가 통한다. 양 극단을 아우르는 것이 궁극의 정의이기 때문이다. 시장에서 정의의 사도처럼 신의 역할을 자임할수록 게을러지고 나태해지며 결단력이 떨어진다."

Q. 돈을 벌어야 하고 부자가 되는 과정에서 지탄을 받는 경우가 많다. 자본주의에서

돈을 당당히 벌면서도 훌륭한 리더가 될 자격은 무엇인가.

A. "강력한 자유의지에 기반해 극과 극을 수용하면 무엇보다 두려움이 사라지고 상황을 판단하는 능력이 커진다. 선악을 하나로 수용하면 경쟁자들의 행보가 선명하게 보이고 보이지 않는 생각이 예측된다. 물론 가장 큰 공동선은 분열이 없는 세계다. 하지만 자유시장에서 분열이 없다는 것은 죽음과 같다. 시장은 늘 시끄럽게 움직여야 한다. 음과 양이 부딪치면서 존재하는 방식으로 털털 거리며 나아가지 않으면 안 된다. 시장에서는 존경을 받으려 하면 당당한 부자가 되지 않는 역설이 통한다. 고독한 자세가 극과 극의 조화를 이끈다. 이들은 선악을 지나치게 판단할 때 선보다 오히려 악이 커지는 것을 안다. 시장에서 절대 옳음은 없다. 당당히 돈을 벌고자 하면 되레 시시비비를 가리지 않아야 한다. 부도덕한 일을 하라는 이야기가 결코 아니다. 시시비비는 두려움의 발로인 경우가 흔하다. 두려움을 감추면 수치심을 느끼게 되고 그 수치심은 무책임을 낳는다. 모두를 이롭게 하는 리더의 자질은 많은 고통을 감수하면서도 겸손하고 아울러 고독하면서도 위험한 결단을 주저하지 않고 내릴 때 타인이 아닌 내면으로부터 주어진다."

Q. 결핍상태에서 불만을 갖든 희망을 불태우든 선택은 개인들의 몫이라고 본다. 에너지 충전은 분리이고 방전은 합일이라고 한 의미는.

A. "결핍은 불만을 촉발하는 것이 맞다. 하지만 그 이후가 운명을 가른다. 불만을 갖고 자포자기 하거나 열심히 살지 않는 부류가 있는 반면 강력한 비전을 세워 결핍을 채워가려 하는 도전적인 사람들이 있다. 충전과 방전을 생각해 보자. 에너지가 넘치는 충전일수록 음과 양의 전하가 많이 분리된 상태다. 방전

"경쟁이 치열한 자유시장에서는 공정하지 않은 경쟁이 수시로 일어나 시장의 질서를 위협한다. 대부분 오래가지 못하는 눈 앞의 이익을 탐하는 경쟁자들은 반칙의 유혹에 넘어가 에너지를 엉뚱한 곳에 쏟기 때문에 경쟁에서 오히려 이길 기회가 생긴다. 따라서 반칙을 만나게 되면 초연하게 일로 대처하는 것이 부의 운명적 길을 가게 된다."

은 마이너스(-) 전하인 전자가 열심히 플러스(+)를 쫓아가 음양의 전하가 합일될 때다. 붙어있고자 하는 안정상태를 인위적으로 분리해 놓는 것이 찬란한 문명을 떠받치는 강력한 힘의 원천이 됐다. 결핍은 완전을 지향하는 과정이라는 그 자체를 믿어야 한다. 결핍한 상태를 유지하는 마음이 아주 중요하다. 부족하지만 아주 강력한 에너지가 발산한다. 안정을 향해 가기 위한 에너지 방출이다. 진지한 결핍의지는 방전되지 않는 강열한 생명의 자존감이다. 겸손하며 초심을 잃지 않고 어떤 선택에도 초연하다. 대부분 부족함은 에너지가 방전 중이라고 생각하지만 반대다. 네트워크에서 자신의 에너지를 분산하는 과정

중에 있다는 것은 힘이 드는 일의 소명을 다하는 과정이다. 장인(匠人) 정신은 스스로 부족함의 극적 상태를 유지시키는 강한 힘이다."

Q. 결핍 자체를 유지하는 것이 중요하다면 자유시장도 부족함을 자처하며 경쟁한다고 본다. 자유시장이 풍요의 토양이라는 말이 모순 아닌가.

A. "많은 사람들이 부자라는 결과를 중시하고 쫓는다. 이들은 결핍의 상태를 유지하기 위한 노력을 하지 않는다. 결핍이 무엇인지조차 모르는 경우가 허다하다. 자유시장은 부족함을 알려주는 정보 공간이다. 치밀하게 얽힌 네트워크에서 무엇이 부족한지 수많은 정보가 올라온다. 하지만 대부분 그 정보들의 존재 유무 자체를 모르거나 알아도 멀리한다. 정보를 알면 알수록 고통스럽기 때문이다. 결핍함이 보이는 시장의 핵심정보는 체계적인 살생부다. 아주 치밀하다. 이 명부는 마치 블록체인처럼 시시각각 모든 상황의 사건들이 네트워크 사람들에게 공유되고 프리징 된다. 그런데 죽음을 목도하는 사람들의 공유가 시장을 옥토로 유지케 한다. 기름진 땅에서 싹이 나고 크기 위해서는 물과 빛이 필요하지만 비와 바람도 필요하다. 나아가 폭풍우가 불고 가뭄이 들기를 반복하면서 성장하는데, 이 때 살생부에 적힌 시장의 질서는 바뀌기를 반복한다. 결국 시장에서 정해진 운명은 없다. 생사에 대한 정보가 확연히 보일수록 운명이 뒤바뀌기를 반복하는 이율배반이 통한다. 자유의지가 태어나는 토양의 모습이다. 자유시장의 가치는 삶과 죽음을 초월한 영혼의 모습이 인간의 자유의지에 담기는 데 있다. 신성과 소통할 수 있는 자유시장은 풍요롭다. 인간은 시장에서 모든 것을 창조하는 것이 가능하다.

(5) 부의 현상 5 – 부의 잠재능력

Q. 모든 사람은 안락함을 추구한다. 돈을 벌거나 사용하는 것도 따지고 보면 그런 안
  락함을 추구하는 과정이다. 편안함을 추구하는 것이 마치 죄라도 되는 것 같은 논
  지는 아니라고 보는데.

A. "돈을 쓰면서 그 안락함이 어디서 오는 것까지 꼭 반추해야 한다. 돈을 통해
소비를 하는 행위를 보면 그 안락함의 전제는 자신을 제외한 주변 사람들이 그
만큼 일을 하거나 희생을 해야 한다. 인간의 기본생활인 의주식 활동이 모두 그
렇다. 먹고 마시며 입는 모든 소비의 과정이 누군가에 의해 힘들게 만들어지거
나 만들어져야 할 에너지를 소진하는 일이다. 반대로 자신은 타인들에게 이런
대가 없이 누리기만 한다면 과연 그것이 안락함인가. 누리기만 좋아하고 실제
그것에 빠져 있다면 현실로 보면 소위 졸부나 한량이다. 따라서 안락함과 편안
함은 자신뿐만 아니라 주위의 모든 사람들도 함께 누릴 때 의미를 갖는다. 이런
돈의 소통은 곧 인간이 본래 추구해야 할 선함의 교류다. 돈은 본래 선함을 내재
하고 있다. 이를 내키지 않아 하거나 오히려 고생이라고 생각하며 회피한다면
부를 일굴 수 없을 뿐만 아니라 부자라도 가난으로 떨어지는 각오를 해야 한다."

Q. 한심한 졸부나 한량들이 있기는 하지만 대부분 사람들은 돈을 쉽게 벌지 않는다.
  그 소중한 돈을 사용하는 것 자체가 타인들의 부를 일구는데도 기여하는 선한 행
  위라고 본다. 소비가 미덕이라고 하지 않는가.

A. "돈을 쓰는 것이 나쁘다는 것이 아니다. 혼자만의 안락을 추구하면 누구도 그
사람을 위해 일방적인 희생을 지속하지 않는다는 것이다. 돈을 쓰더라고 책임
있는 자세가 항상 필요하다. 작게는 가족 그리고 크게는 사회와 국가를 위해 사

용하는 방식이 얼마든지 많다. 가령 생산적인 부문에 대한 투자는 돈을 쓰는 것이지만 모두에게 이로운 부가가치 씨앗을 뿌리는 일이다. 베품의 방식은 더없이 귀한 가치를 갖고 있다. 돈은 이를 통해 아름다운 네트워크를 만들어 간다. 부의 잠재능력은 이 네트워크를 통해 지속적으로 돈이 시너지를 내며 더 많은 돈이 생산되도록 하는데 있다. 반면 나 홀로 만족감에 빠진 행위는 돈의 순환에 긍정적 효과가 전혀 없는 것은 아니지만 효율의 저하로 이어진다. 이런 구성원들이 많은 사회나 국가는 상대적인 부가가치 경쟁에서 패하는 결과를 가져온다. 결국 개인들은 봉급이 떨어지고 좋은 직장도 나와야 한다. 사업가는 매출이 추락하고 쪼그라든다. 돈의 선함도 사악함으로 바뀌기 시작한다."

Q. 부의 의미와 경쟁의 긍정적 의미가 읽혀지기는 한다. 하지만 여전히 돈의 순환 과정에서 많은 사람들은 돈 쓰기를 더 좋아하고 돈의 결핍 상태는 부정적으로 받아들이는 것이 현실 아닌가.

A. "들어오는 에너지를 더 많이 취하고자 하는 것이 경쟁이고 시장이다. 그 에너지를 모아 다시 쓰고 싶다면 결핍의 임계치에 가까이 갈수록 유리해진다. 이는 결과보다 과정의 가치다. 과정을 통해 에너지를 더 많이 얻어야 하는 것이 결실의 원리다. 결과만을 얻는 로또나 이른바 공돈이 삶을 대부분 파멸로 이끈다. 부족함을 끝없이 과정의 가치로 존중할 때 그 결과는 자신이 쏟은 에너지보다 항상 들어오는 에너지가 더 많아지게 된다. 결핍은 세상의 에너지 원천이면서 자유의 기반이다. 시장은 결핍한 것이 거래되면서 부가가치가 쌓인다. 자신에 대한 결핍성을 끝없이 이어갈 때 부의 길을 간다. 결핍을 채우기 위해 일을 하는 것은 힘든 일이지만 행복한 일이다. 돈을 사용하는 안락함의 정체는 충만함의 소비가 아니라 결핍을 통해 이뤄지는 자존감이다."

Q. 책의 본문에 자주 인용되는 사건의 섭리란 용어가 궁금해진다. 결핍을 근간으로
한 모순의 임계치에서 일어나는 사건들을 이야기 하는 것인가.

A. "사건의 섭리는 모순의 극적 임계치 외에 불연속의 연속성이 존재한다. 이
는 입자와 파동의 성질이자 디지털과 아날로그 상태의 혼재와도 같다. 양립할
수 없는 상태가 사실상 하나로 이뤄지는 사건의 총합이다. 현상계에서는 일어
날 수 없는 일이 거시를 포섭하는 미시세계에서는 엄연한 진리다. 이는 만물의
운행을 주관해 사건의 섭리를 일으키는 에너지 역학이다. 수긍이 가지 않는 모
순이 진리이고 진실인 것이다. 나아가 전체가 하나이고 하나가 전체인 자연의
시스템 속에서 벌어지는 모든 사건들은 전부 얽혀 있다. 모순은 양립할 수 없
는 것이 아니라 조화를 주관하고 있다. 본질적 측면으로 보면 모순은 결국 없
다. 우리가 인지하는 모순은 인간의 오감범위에서 일어나는 특수현상이다. 전
우주를 관점으로 하면 지구상의 중력계가 특수한 현상이듯 인간의 인지는 특
수한 상황이기에 절대적 고차원에서 벌어지는 모순을 받아들이지 못한다. 하
지만 돈은 그 모순 속에서 잉태되고 순환된다. 부의 잠재능력이 인간의 현실에
막강한 위력을 발휘하는 이유다."

> "우리가 사는 3차원 이상의 세계가 존재하는 것에 대해 수많은 과학자, 사상가,
> 종교 지도자 등이 부정하지 않아 왔다. 이들 고차원의 세계를 본질(이데아)로 해
> 서 탄생하는 에너지 원리 또는 부의 탄생은 극과 극의 조화와 결핍의 임계치에서
> 역동하는 '사건의 섭리'를 따른다."

Q. 고차원의 존재 유무가 수학적 공리나 과학으로 확실히 규명되고 검증되지 않았다.
어떻게 고차원 세계가 부의 원천이자 잠재능력이 된다는 확신을 할 수 있나.

A. "시공간이 없는 곳이 고차원이다. 또는 어떤 방향도 같은 방향인 등방성의 초공간(무시간, 공간의 탈출)이나 현재 시간만이 존재하는 초시간(무공간, 시간의 탈출)도 마찬가지다. 이들 모두 우리가 사는 3차원 세상보다 차원이 높은 세계라는 공통점이 있다. 초공간·초시간은 개념이 다르지만 고차원의 시공간은 같다. 3차원 세계의 시공간이 아니라는 공통점이 있다는 것은 두 세계가 뚜렷이 구분되는 성질의 것이 아니라는 뜻이다. 엄밀히 초시간 속 초공간의 존재형태다. 물리학자 등 과학계는 거시에서 이 같은 시공간이 없는 세계가 있다는 증거를 찾지 못했다고 해도 대부분 없다고 하지 않는다. 고차원이 존재한다고 강력히 추론하는 전제하에 많은 논문과 이론들이 나오기도 했다. 불랙홀은 그 상징이다. 수천억 개의 은하마다 중앙에 존재하는 거대 블랙홀도 마찬가지다. 사건의 지평선 안쪽에는 시공간이 사라진다고 과학자들은 굳건히 믿고 있다. 종교 대부분도 고차원 세계가 존재하는 사실에 전혀 의심을 갖지 않는다. 역사적으로 수많은 현자나 수행자들은 고차원 세계에 대한 경험을 이야기 해 왔다. 따라서 고차원 세계의 존재는 우리 현실이 된지 오래됐다. 고차원에서 일어나는 에너지 역학은 실제 미시의 세계에서 검증됐다. 미시 에너지 법칙이 곧 고차원 에너지 현상으로 포섭되고 있기에 부의 원천이자 그 잠재능력은 무한 가능성을 내포하고 있다."

Q. 초공간과 초시간 속에서 일어나는 일들을 과학과 연계해서 풀거나 인간의 의식과 사랑 그리고 신적 영혼의 견지에서도 담론을 풀었다. 그것을 근거로 확신할 수 있는 내용들은 무엇인가.

A. "미시의 소립자들은 시공간의 영향을 받지 않는 움직임을 보인다. 초공간적 움직임인 공명과 양자중첩 현상은 물론 초시간적 운동상태인 순간이동, 양자얽힘 등이 그것이다. 하지만 초시간 속 초공간적 특징을 감안하면 시공간이

없거나 달라진 에너지 흐름은 분명히 구분하기 어렵다. 책의 본문에서도 초공간과 초시간의 에너지 상태가 섞여 있어 이를 무 자르듯 구분해서 사용하지 않았다. 또 인간의 의식은 시공간의 개념을 초월한 것으로 상정했다. 이는 많은 과학적 데이터들을 근거로 뇌가 의식의 주체가 아니라는데 기반했다. 현상계 사랑은 초공간의 흐름으로 보았고 종교적인 영혼의 사랑은 초시간의 흐름으로 보았다. 과학, 철학, 종교를 지식의 3축으로 보았을 때 현상계를 넘어 고차원이 존재한다는 가설은 틀리다고 하기 어렵다."

Q. 차원에 대한 문제는 인간과 자연의 본질을 규명하는 것이라는 점에서 앞으로 파헤칠 분야가 많다고 느껴진다. 고차원 세계가 현실에서 보편적으로 느껴지는 현상들은.

A. "얼마든지 많은 일을 현실에서 고차원으로 경험한다. 그것은 생각의 범위를 넓히면 인지할 수 있다. 일례로 인간의 인연 자체가 고차원의 현상이다. 만남은 필연적으로 이별을 전제로 한다. 둘은 하나다. 시간차만 없다면 만남과 이별은 중첩이다. 공간이 없어도 방향이 없기에 마찬가지다. 돈을 벌 때도 쓸 때도 사건의 섭리는 하나다. 따라서 돈을 벌 때 쓰는 방식을 동시에 고민해야 버는 길을 확연히 볼 수 있다. 사건의 섭리는 이처럼 모순의 극적 임계치가 삼지사방 또는 도처에서 한 순간에 벌어지는 조화로운 사건들에 대한 총합이다. 만물이 드러나고 생명의 찬가들을 들을 수 있는 일들이 정교하게 벌어지는 현상이다. 마치 신의 조화인 듯 하기 때문에 그리고 신의 맞은편에 있는 현상계에서 벌어지는 극적 조화이기 때문에 사건의 섭리가 곧 고차원의 보편적인 현실이다."

Q. 책은 3차원 이상의 4차원, 5차원, 6차원까지 설명하고 있다. 이에 대해 생생하게 느낌을 가질 수 있는 보강 설명을 해주었으면 하는데.

A. "3차원 이상의 현상들이 근거가 되는 사건의 섭리 속에 들어가면 두려움이 사라진다. 완전히 사라지는 것이 아니라 사라짐의 임계치다. 두려움이 사라질수록 임계치의 위험한 상황들은 보다 정확히 인지되고 확인된다. 수없이 실시간으로 갈리는 운명의 길들까지 보게 되는 혜안이 생긴다. 수련을 통하거나 종교적 체험의 강도가 세면 시공간을 초월해 경험하기도 한다. 이는 현상계를 초월한 4차원(환극)과 5차원(태극) 그리고 6차원(무극)의 영역이다. 고차원 세계는 사건의 섭리가 발생하는 원점이고 본질이며 주관자의 위상을 갖는다. 만물의 주관자는 생명들이 갖는 두려움이 없다. 두려움이 없거나 사라짐의 임계치에 있는 혜안은 거의 모든 것을 가능하게 한다."

Q. 고차원이 현실에 투영된다고 하면 거꾸로 3차원 세계의 우리는 그 고차원에 직접 들어갈 수 없는가.

A. "사건의 섭리를 명확히 느끼고자 한다면 고차원을 다른 방식으로 인지해야 한다. 우리가 겪는 현실의 모든 사건들은 주관자가 있기 때문이다. 그 주관자는 절대자 또는 무한자라고 부른다. 철학가나 사상가들은 이를 이데아, 형이상학, 도(道), 군자(君子), 절대이성, 능산적 자연, 로고스 등으로 부르거나 규정했다. 종교적으로는 신, 하느님, 아버지, 예언자, 옥황상제 등으로 불려 왔다. 과학적으로는 초끈이론이 다중우주론을 펼치며 11차원의 세계까지 나아가고 있어 고차원의 비밀이 풀릴 가능성을 보여주고 있다. 수학적으로는 리만가설이 미시의 패턴을 규명하는 신의 숫자로 규명된다면 역시 그 이상의 질서를 보게 될 것으로 기대된다. 예술적으로는 신과 인간을 오가는 미학이 인간의 오감을 고차원으로 안내한다. 동양의 주역과 음양오행 그리고 한민족 종교경전인 천부경 등도 고차원의 세계를 의심 없이 신뢰한다. 따라서 우리 인간은

[사건의 섭리]

> "부족함이나 결핍한 상태는 시장의 부가가치를 쌓는 기반이 되기 때문에 자신의 결핍성을 지속적으로 확인할 때 부의 길을 간다. 이는 사회와 국가 등에 헌신하는 일과 직업적 재능 또는 장인(匠人) 정신으로 구현되는 돈의 이타적이고 선한 속성이자 무한 잠재능력이다."

이미 과학, 철학, 종교, 수학, 예술 등의 많은 길을 통해 고차원의 세계와 왕래를 하는 상황이라고 봐야 한다."

Q. 고차원의 세계가 만약 없다는 전제를 한다면 인간 세상에서는 어떤 일들이 일어날 수 있는지.

A. "고차원의 세계가 없다는 상상을 하기가 더 어렵다. 고차원의 세계가 없이는 인류가 이룩해 온 수많은 학문과 지식체계 그리고 사상을 설명할 수 없기

때문이다. 본질이 사라지고 껍데기만 남으면 그 무엇도 의미를 갖지 못한다. 아울러 직관·통찰·육감 등으로도 시공간을 뛰어넘는 에너지 흐름이 거의 모든 사람에게 느껴진다. 고차원이 없다면 이를 설명할 길이 없어진다. 선험적이고 경험적이며 영적인 수많은 사건의 섭리들이 모두 무력화 되면 우리가 지금 생각하고 판단하며 진리라고 하는 모든 것이 무너져 내린다."

Q. 과학적으로 이해할 수 있는 3차원 이상의 고차원 세계를 현재 우리가 느끼는 시공간으로 비유해 설명한다면.

A. "본문에 있는 내용을 굳이 자세히 재론하지는 않겠다. 3차원 시공간 이상의 차원을 적시한 것은 에너지로부터 출발했다. 에너지는 힘이자 물질이기도 하면서 시공간이기도 하다. 우리가 사는 우주는 엄청난 속도로 팽창을 하면서 에너지가 단방향으로만 흐른다. 우리는 이를 시간으로 규정하고 있다. 과학적으로는 열역학 제2법칙 엔트로피 증가다. 질서에서 무질서로 변하는 방향이다. 하지만 물리적으로 시간은 역주행이 가능하다. 그리고 일반상대성이론에 의해 움직임과 중력에 따라 시공간이 뒤틀리면 자신이 있는 시공간의 현재는 무한히 넓어지고 많아진다. 지금의 현재는 1년 전, 10년 전, 100년, 1000년 전 그리고 1년 후 10년 후 100년 후, 1000년 후 등이 동시에 존재할 수 있게 된다. 이것이 무한하다면 우리는 현재 공간에만 머물러 있게 된다. 자신이 동시에 존재할 수 있는 과거와 미래가 사라진다. 이는 과학으로 밝혀지고 있다. 우리 우주도 시간이 멈춘 것과 다르지 않다. 만물이 탄생한 빅뱅 이전에도 시공간이 없었다."

Q. 부의 잠재능력이 고차원 원리로 응축돼 설명되고 있다. 신은 전지전능의 존재이기도 하지만 그 자체로 진리이어야 하기도 한다. 부가 무한능력을 가졌다면 그 원천

인 돈은 신처럼 진실해야 하는 것 아닌가.

A. "돈을 쥐고자 하는 것은 운동성이고 돈을 놓아주는 것은 잠재성이라고 했다. 고차원까지 포함할 경우 운동 에너지보다 잠재 에너지(위치 에너지)가 상상할 수 없이 큰 것은 현상의 모든 힘이 본질로부터 나온 극히 일부이기 때문이다. 무한한 힘을 갖고 있는 본질은 그래서 완벽한 선함이어야 하는 것이 맞다. 돈이 본래 그런 선함을 갖고 있다는 일관된 지론을 폈다. 다만 절대계가 현상계를 통해 드러나듯이 선함도 악함을 통해 드러나는 사건의 섭리 속에 있다. 돈은 그 과정에서 인간과 엮여 선을 지향한다. 그 지향성 내에 선함을 비추기 위한 악함이 들어간다. 하지만 돈 자체의 악함이 아니라 인간의 질서와 엮인 인간 내면의 선악이 혼재된 양상이다. 돈의 본성이자 본질은 선이다. 우리 인간은 그런 점에서 돈에 대한 무한책임이 있다. 돈의 본질을 구현하는 선을 무한히 실현시켜 나갈 막중한 책임이 주어져 있다. 그 잠재능력을 외면한다면 인류는 파멸적 운명으로 나아간다."

(6) 부의 역학 1 - 결핍의 역동성

Q. 결핍함이 거래되는 시장을 통해 부가가치가 쌓인다고 했지만 의미가 모호하다는 생각이 든다. 구체적으로 자신에게 어떤 결핍성을 확인해야만 부(富)의 길로 가는가.

A. "움직이는 모든 것이 힘이고 일이다. 운동은 물론 가속운동이다. 원운동과 그 연장선상의 파동성이 가속운동 에너지 흐름이다. 결핍은 원운동이 일어나지 않거나 파동운동이 없는 상황을 가정해보는데서 시작한다. 원운동은 순환이다. 멈추지 않는 무한 반복이다. 순환과 반복 모두 치밀한 대칭이다. 이 원운동은 또

좌표상으로 파동이다. 순환성·반복성·대칭성·파동성·지속성이 곧 만물의 기본 운동원리다. 이를 통해 상관성·상반성이 가능해진다. 모든 것이 상대성이다. 생활주변에서만 봐도 시계, 달력, 12간지, 24절기, 360도 등은 이들 원리의 사례다. 결핍은 이같은 자연의 원리에 부합하고자 하는 과정의 가치다. 인간은 초정밀 원리에 완벽히 부합하지 못하기 때문이다. 항상 부족하고 불안해 억지로라도 채우려 하고 완전해 지려 한다. 결핍성은 완전을 지향하는 쉼 없는 목적성이다. 그런데 완전함은 절대성이고 신성이다. 신의 영역에 가는 과정을 멈추지 않되 하나가 될 수 없는 결핍성을 진지하게 인정하고 성찰하며 나아갈 때 겸손하면서도 당당하게 부의 길을 선택한다."

Q. 결핍에 대한 원론적인 설명으로 다가온다. 구체적으로 부가가치를 쌓기 위해 시장에서 결핍성이 거래돼야 한다는 것은 무엇을 뜻하는지.

A. "시장은 재화와 서비스가 상시 거래되는 곳이다. 하지만 완벽한 등가교환이 일어나기 어렵다. 부의 총량이 소진되고 축적되기를 반복한다. 그 결과 자본시장에서는 주기적인 불황이나 공황이 필연적으로 일어난다. 호황과 불황, 대호황과 대공황은 마치 파동처럼 주기성을 갖는다. 역설적으로 이 파동성이 결핍의 거래를 돕는다. 호황과 불황이 상호 교란 하면서 빛의 원리처럼 나아간다. 결핍은 이 교란의 파동성에 또한 관여한다. 호황일 때 불황을 불러들이고 불황일 때 호황을 품고 있다. 상호 결핍성에 의해 에너지가 시장에 흐르면서 역동성이 일어난다. 공급과 구매의 조화로운 가격 형성은 호황과 불황이라는 파동 운동장 안에서 일어나는 일상적인 패턴이다. 공급과 구매는 치밀한 가격을 형성하는 것 같지만 어느 한쪽이 늘 결핍상태를 유지한다는 점이다. 이런

상황이 지속되면서 경쟁이 일어나 시장의 부가가치가 쌓인다."

Q. 경쟁은 시너지를 일으키기보다 손실을 가져오는 경우도 적지 않다. 시장에서 항상 일어나는 과당경쟁이나 출혈경쟁은 그 사례다. 결핍함이 꼭 좋은 것은 아니라고 보는데.

A. "시장이 필요이상의 경쟁을 하는 것도 일종의 결핍이다. 공급이 과잉돼 경쟁이 격화되면 구매력이 상대적으로 작아져 결핍이 일어난다. 구매력 결핍이 심해지면 기업은 도산이나 파산의 위험을 맞아 더욱더 배수진을 칠 상황을 마주한다. 경쟁에 밀리지 않기 위해 더욱 강한 구매력을 일으키는 기업이 나온다. 이 과정에서 본래 없던 시장이 만들어지기도 한다. 실제로 구매력을 새롭게 창조해 가는 사례는 너무나 많다. 시장을 만들지는 않더라도 기업이 구매력을 더 촉발시키고 확산시키는 것은 일반적이다. 신제품 개발, 마케팅 전략, 브랜드 포지셔닝 등에서 기업들은 시장을 확대하는 방식으로 구매력을 키운다. 반면 소비자의 입장에서 소득이 많아지면 구매력이 증가한다는 기대감은 비례하지 않는다. 물론 주머니에 돈이 많으면 구매력이 일어날 수 있지만 그 구매력은 한계를 보인다. 바잉파워가 일시적이거나 생산적인 곳에 순환될 가능성이 적으면 구매력이 스스로 한계를 만든다. 기업의 구매력은 지속적이고 생산적인 방식을 이끈다. 시장의 구매력은 이 같은 순환성 · 반복성 · 지속성을 띠어야만 모두가 부를 향유한다. 개인 중심의 소득주도성장론은 돈의 쏠림현상을 심화시켜 시장을 오히려 왜곡하고 빈부차를 키운다."

> "자연의 에너지 원리는 충만함을 향한 결핍의 상태 속에서 정교한 질서가 만들어진다. 결핍한 질서는 부가가치를 효과적으로 생산하는 과정의 가치를 선사해 준다."

Q. 공급과잉이나 과당경쟁이 아니라 구매력이 너무 높아 공급의 결핍성이 일어나면 시장은 어떤 상황을 보이는가.

A. "반드시 빠르게 보충된다. 중요한 관점은 이때의 구매력도 소비자가 아니라 기업이 유인할 경우가 대부분이라는 점이다. 기업은 전략적으로 구매력을 높이고 공급량을 조절하기까지 한다. 이윤율 때문이다. 따라서 시장은 과당경쟁은 물론이고 소비과잉이라고 해도 기업이 구매력을 만들고 유지해 간다. 소비자는 자신이 선택하는 것 같지만 기업의 전략에 의해 선택당하는 대상이 된다는 것이다. 그 중심에 결핍을 품은 경쟁이 똬리를 틀고 있다. 경쟁이 결핍의 순환과 반복을 지속하게 하면서 공동의 부가가치를 확대한다. 시장은 부를 확산하는 결핍함의 원리이기에 공돈 또는 퍼주기 식의 시장논리가 개입되면 치명적인 손상을 입는다. 심지어 시장의 근본 질서를 흔들어 버린다. 그 피해는 시장의 구성원 모두에게 미친다."

Q. 시장의 구매력을 기업이 주도하고 일으킨다면 그 부가가치는 기업의 자본가가 가져간다고 본다. 실제로 이런 이유로 빈익빈 부익부 현상이 심화되고 있다고 보는데.

A. "나무만 보고 숲은 보지 않는 편견이다. 큰 바퀴를 열심히 굴리고 있는데 작은 바퀴로 브레이크를 밟는 식의 발상이다. 자본가가 구매력을 일으킨데 따른 이익을 가져가는 것은 맞다. 하지만 자본시장 부의 총량은 그 기업에 속한 사람들에게 모두 혜택이 돌아간다. 설사 오너나 임원들이 더 많이 가져가는 구조라고 해도 이익을 독식하기는 어렵다. 기업 내부에서 결핍성이 발생하기 때문이다. 연봉은 그 상징적 결핍 시스템이다. 기업은 구매력을 높이기 위해 끊임없이 내부의 경쟁을 촉진시킨다. 성과를 내거나 능력 있는 직원들에게는 상대

게으름   나태   두려움

> "결실에 대한 결과만을 보면 욕심과 탐욕이 일어나지만 과정의 가치를 목적 자체로 보고 결과를 향해 가면 초심을 유지하면서 큰 결실을 얻어낼 수 있다. 반면 초심 없이 탐욕을 갖게 되면 험난한 과정의 가치에 집중하지 못해 위험을 자초한다."

적으로 높은 보수로 대우하는 것이 그 방식이다. 이 시스템은 자본시장 내 모든 기업들의 속성이다. 기업 내부의 결핍성이 유도되지 않으면 시장에서 상대적 우위를 확보하는 바잉파워를 유지하기 힘들다. 이 과정에서 차별은 당연히 존재하지만 경쟁이 많을수록 차별의 간극이 좁아지는 역설이 통한다. 부의 균등함은 인위적 분배나 평등이 아니라 부를 생산하는 방식이다."

Q. 기업에 속한 개인들은 구매력을 키워놓은 만큼 가져가지 못한다고 본다. 마르크스가 이를 잉여가치의 노동착취라고 본 것이 틀리지 않다고 보는데.

A. "자본가가 필요이상의 부가가치를 가져가면 해당 기업은 그만큼 잠재적 경쟁력을 상실할 위험에 빠진다. 반대로 사원들에게 충분한 보상과 대우를 하면 자본가가 가져가는 보상은 적어도 미래의 잠재이익을 더 많이 가져갈 가능성을 확보한다. 자본시장 대부분 기업들이 후자의 선택을 하면서 시장에서 배수진을 친다. 주머니에 있는 푼돈을 세며 이익을 계산하는 기업은 얼마 가지 못하고 파산 가능성을 높인다. 따라서 기업들은 선제적인 행보를 통해 부의 잠재능력을 확보하는데 우선적인 목적을 둔다. 자본가는 투자를 통해 부를 많이 가져갈 잠재적인 바잉파워를 키워가는 것에 항상 사활을 건다는 것이다. 따라서 자본가는 부를 많이 가져가는 환경이 확정된 것을 향유하는 것이 아니다. 미지의 성공확률에 따른 위험투자도 늘 이익이 보장되지 않는다. 선제적 투자에 따른 이 같은 자본가의 결핍은 그래서 필연적인 공동의 이익을 만든다. 자본가는 설사 이익을 많이 가져간다고 해도 그 이익이 항상 자신의 소유로 담보되지 않는 불안한 상황 속에 있다. 그 불안이 모두에게 이로운 이익의 시작을 알린다."

Q. 결핍성을 알려주는 정보 공간이 기업 생태계인 자유시장이라는 말을 이해할 수 있을 것 같다. 정보를 제대로 분별하고 얻기 위한 노하우가 있는가.

A. "노하우가 아니라 태도다. 행동은 마인드에서 나오는 만큼 잠재의식이 자유시장의 결핍성에 대한 올바른 정보를 습득하도록 해준다. 결핍에 대한 정보는 인위적인 것이 될 수 없다. 반드시 시장에서 자연스럽게 발생하는 사건들을 잠재의식의 눈으로 보는 일이다. 활시위나 용수철을 생각하면 된다. 극한으로 당겨진 활이나 끝까지 휜 용수철은 극한의 결핍성을 갖는다. 이는 인위적인 것이지만 시장에서는 인위적이지 않은 극한의 결핍한 정보들이 수시로 넘친다. 일례로 시장에서 1등은 항상 위협을 받는다. 1등은 극한의 결핍성을 유지해

야 하지만 외견상 극한값이 아니다. 자신의 결핍 기준이 계속 높아지기 때문이다. 이 기준을 정확히 보는 눈이 중요한 맥락이다. 자신의 능력을 정확히 보는 눈이다. 능력과 현실 사이의 결핍에 대한 판단의 단초는 표면의식을 좌지우지하는 잠재의식이다. 가속운동인 표면의식의 반복이 또한 잠재의식을 만든다. 두려움을 극복한 습관(표면의식)들이 반복돼 쌓여 잠재의식이 될 때 결핍의 눈이 떠진다. 변화무쌍한 결핍의 상태를 매순간 정확히 본다. 경쟁자보다 한 발이나 두발 더 반드시 먼저 나가게 되는 길을 보게 된다. 성공을 담보하면서 이익을 향유하고 공유한다."

Q. 부족함의 극적 상태를 유지해야만 강한 힘이 나온다는 주장과 같은 맥락으로 들린다. 그것은 위험한 선택이다. 그 판단으로 위험에 처했을 때 어떻게 대처해야 하나.

A. "시장에서 독점기업을 지나치게 억제하면 오히려 역효과를 부른다. 또 다른 독점기업이 필연적으로 생길 뿐만 아니라 시장경제 전체에 미칠 부작용까지 감수해야 한다. 독점을 경계하는 효율적인 방법은 독점기업과 같은 경쟁력 있는 기업이 다수 성장하도록 생태계를 마련해 주는 일이다. 결핍의 위험도 마찬가지다. 결핍의 극적 상태를 유지하는 것이 쉽지 않은 매순간 위험한 선택이 맞다. 하지만 결핍의 활시위가 많이 당겨질수록 정확히 보고 멀리 보는 습관이 잠재의식에 쌓인다. 이를 운명이 정해지는 방식으로 봐도 좋다. 위험을 제거하려면 위험한 선택을 해야 한다는 것이다. 위험분산의 효과적인 방법이 역설적이지만 그 위험을 마주하는 일이다. 위험한 상황을 직시하면 그 위험을 분산할 많은 길이 보인다. 이 상황이 부족함의 극적 상태 유지다. 이 결핍의 힘은 부가가치를 동시에 볼 수 있는 많은 눈을 갖도록 해준다. 독점기업을 향한 경쟁 생태계가 보다 많은 큰 기업들의 공동 생태계를 만들어 주듯이 위험을 마

주할 때 기지의 위험 이외에 미지의 위험까지 선제적으로 대처할 능력까지 덤으로 확보해 더 큰 성장기회를 갖는다. 결핍성의 지속 또는 임계상태의 유지는 성공하기 힘들다는 도전을 당연히 성공하도록 해준다."

(7) 부의 역학 2 - 수(數)의 부가가치

Q. 책의 내용을 보면 수(數)에 대해 일관된 논조로 많은 의미를 두고 있다. 수가 어떤 의미에서 돈과 연결되고 부가가치를 만들어 준다고 보는 것인지.

A. "수는 자연을 이해할 수 있는 소통의 창구다. 자연은 인간의 오감만으로는 인지하거나 인식하기 어려운 원리가 너무 많다. 눈에 보이지 않는 에너지 역학이나 보이지만 원리가 숨겨져 있는 현상들이 그것이다. 수를 통해 이 원리들이 시야에 잡히고 인식을 할 수 있게 됐다. 초정밀의 오묘한 원리가 수를 통해 드러나고 그 원리는 인류에게 거대한 문명의 금자탑을 쌓도록 했다. 문명사가 부의 축적이라는 측면에서 보면 수는 부와 떼려야 뗄 수 없는 관계다. 수는 그래서 미시를 보는 현미경이면서 거시 천체를 보는 망원경이기도 하다. 극미의 아원자 에너지 역학에서 수억광년 떨어진 천체의 현상까지 수를 통해 원리가 드러난다. 따라서 수의 마당격인 좌표의 사용은 기막힌 고안이다. 철학자로 알려진 수학자 데카르트가 좌표를 고안해 낸 것은 인간의 위대한 진보를 가능케 했다. 좌표계에 표시된 함수는 시공간을 알기 쉽게 이해하도록 했다. 수는 시공간 속의 실존까지 보게 한다."

Q. 수가 자연의 언어라고 하는 의미를 알 수 있을 것 같다. 인류의 부가가치에 공헌한 대표적인 수의 이용 사례는 무엇이 있나.

A. "생명의 원류인 빛이 있다. 빛은 전기파와 자기파로 이루어진 전자기파다. 통상 전파로 불리는 전기와 자기의 정밀한 교란성이 인류에게 생명은 물론 부의 문을 열게 하고 부를 누리게 했다. 인간이나 자연은 가시광선만의 도움을 받지 않는다. 빛은 인간이 볼 수 없는 가시광선 영역 밖에도 많다. 이들 빛을 통해 현대문명의 신기원이 이뤄졌다. 전화, 인터넷, TV, 라디오, 무전기, 핸드폰, 인공위성, 엑스레이 등은 눈에 보이지 않는 파장(빛)이 만들어낸 문명들이다. 또한 밤을 밝히는 수많은 등불을 비롯해 발전기, 밥솥, 엘리베이터, 세탁기, 냉장고, 자동차, 비행기 등 수많은 문명의 이기들이 빛의 역학으로 탄생했다. 엄밀히 전기 또는 전자기의 힘이다. 생명들의 초정밀 작동원리도 이처럼 전자기 역학을 밑천으로 삼는다. 이 역학이 수로 질서정연하게 표현됐다. 수는 빛의 원리를 인간이 인지하고 활용할 수 있게 하는데 주관자 역할을 했다."

Q. 빛은 절대속도를 가지면서 시공간을 휘게 만드는 것으로 안다. 일반적인 물리법칙을 적용받지 않는 이 같은 빛의 원리를 수식으로 계산한 것인가.

A. "당연히 수식으로 만들어졌다. 아인슈타인이 방정식을 통해 빛의 절대속도인 특수상대성 이론과 중력이론(시공간의 휘어짐 또는 가속도)인 일반상대성 이론을 체계화 한 것은 지금까지도 전무후무한 인류사의 지식혁명이다. 앞서 맥스웰은 전기, 자기, 전기유도, 자기유도 등을 기막힌 4개의 방정식으로 아름답게 풀어냈다. 이를 통해 빛은 시공간의 영향을 받지 않고 빛의 고유속도값이 있다는 것을 알아냈다. 방정식이 빛의 성질뿐만 아니라 시공간의 실체 그리고 나아가 뉴턴이 착각했던 중력의 본질을 알아낸 것이다. 더욱이 빛이 전자기파라는 것까지 확인되면서 인류는 지금 그것으로 만들어진 거대한 문명을 누리

고 있다. 그 부가가치가 주는 부의 총량은 상상하기조차 힘들다. 앞으로도 빛과 같이 질량이 없는 암흑에너지 등의 힘이 발견되면 인류는 지금보다 훨씬 빠르고 높은 문명의 진보를 이뤄낼 수 있다. 이 또한 수리로 계산되면서 실험적으로 증명해 가고 있는 중이다."

> "수를 통해 인간의 눈은 보이지 않는 자연과 우주 속 미시와 거시세계에서 만물의 원리를 볼 수 있게 됐다. 자연의 초정밀 원리들을 이용하면서 일의 효율이 획기적으로 높아져 부가 축적되고 문명의 거탑을 쌓을 수 있게 됐다."

Q. 수를 통해 빛처럼 부의 원천이 되고 있는 원리들이 많은 줄로 안다. 수학의 최고 절정이라는 미적분은 어떻게 부의 축적에 기여하는지.

A. "눈에 확연히 보이지 않는 운동하는 모든 물체의 순간 상태를 수로 계산해 누구나 공유할 수 있는 것은 수의 마력이다. 미분과 적분이 인간의 문명에 획기적으로 기여했다. 본래 적분이 먼저 고안되고 미분이 나왔지만 둘은 깊은 관련성으로 통상 미적분으로 불려 왔다. 적분이 곡선으로 둘러싸인 면적을 구하는 기막힌 방법이라면 미분은 움직이는 물체의 운동상태를 알아내는 신의 눈이라고 할 만한 하다. 미적분이 없었다면 거의 대부분 곡선으로 이루어진 현대 문명의 수많은 상품들이 탄생되기 어려웠다. 미분 또한 순간속도를 알아채면서 땅, 하늘, 바다에서 움직이는 모든 물체의 운동을 수학적으로 기술할 수 있게 됐다. 이는 이동하는 물체의 운동성을 통제 가능하게 됐다는 뜻이다."

Q. 미적분은 곧 자연이고 문명이며 부라는 뜻으로 설명된다. 좌표 또한 위대한 발견이다. 좌표는 어떤 방식으로 부의 원리에 기여하나.

A. "좌표계는 마술 같은 수의 마당이기도 하지만 인간의 시력이 직접 닿지 않더라도 특정 물체나 유체의 위치를 파악할 수 있게 한다는 점에서 신의 도구라고 말하고 싶다. 지구상의 경도와 위도는 실생활에 응용된 대표적인 좌표계다. 다시 말해 좌표계는 인간의 눈을 대신한다. 전 세계의 수많은 비행기들이 좌표 상에서 드러나 인간이 직접 시력으로 보는 역할을 대신 표현한다. 이를 통해 보이지 않는 하늘 길을 정밀하게 운영할 수 있게 됐다. 인간은 작은 화면을 통해 수많은 비행기의 위치를 통제할 수 있다. 이는 도시의 복잡한 지하철이나 빠른 속도로 달리는 고속전철도 마찬가지다. 전투기, 군함, 잠수함 등도 좌표계 속 생명들이다. 좌표가 이처럼 인간의 시력을 대신하면서 효율이라는 부가가치를 획기적으로 키웠다. 좌표 상으로 표시가 가능한 삼각함수도 시력으로는 도저히 확인하기 힘든 천체의 운행을 파악할 수 있는 정밀한 망원경이 돼 주었다. 또한 아원자 이하의 세계를 보면서 양자역학을 발견하고, 그것을 바탕으로 반도체 혁명이 가능했던 것도 방정식의 마술이 깃들어 있다. 수와 좌표는 현실의 거시문명과 자연의 근본원리인 미시역학의 메가기둥이다."

Q. 원론적인 부분이라 이해는 가지만 수학으로 풀리지 않는 원리들도 있다. 수의 공리들이 오히려 자연의 이해범위를 제한하고 있다는 비판도 있지 않은가.

A. "그렇다. 자연의 수많은 원리에는 수의 체계로 밝혀내기 어려운 현상들이 적지 않다. 수는 모순이 없이 정확한 값이 구해지거나 체계를 갖고 있어야 한다. 근대철학의 아버지로 불리는 데카르트까지 사유가 아닌 수학의 공리를 신성시했다. 하지만 자연은 수의 근이나 해 그리고 함수나 방정식 등으로 풀리지 않는 원리들이 많다. 모순이나 이율배반을 수의 공리로 세울 수 없다는 점이다. 그런데 만물의 원리 중 인과율과는 무관한 신기한 현상이나 운동이 적

지 않다. 수 체계로 설명할 수 없는 자연현상이라면 과연 그것이 존재하고 있는 것인지 의심을 하게 된다. 과학자들은 이처럼 수학의 공리에 맞지 않는 방정식을 스스로 버린다. 하지만 수학으로 풀리지 않는다고 해서 존재하지 않는다고 단정할 수 없다. 거꾸로 수학적 접근이 가능하다고 해서 그것이 절대적으로 존재한다고 하기 어렵다. 존재할 수 없는 허수와 소수의 원리인 리만가설 등은 그 애매한 경계선상에 있다. 결국 수에 대한 이해의 범위가 넓다고 해서 인간이 자연의 질서를 많이 안다고 단정해서는 안 된다."

Q. 그럼에도 수는 절대공리를 기반으로 하는 것에 이의를 달고 싶지 않다. 수의 원리는 완벽해야 지식으로 공유된다. 이 같은 수의 역할을 보면 정보와 상통하는데.

A. "수는 반드시 규칙에 맞아야 한다. 이를 절대 공리로 간주한다면 자연은 반드시 수의 규칙으로 이루어진 정보체계다. 상식적으로 이해하기 힘든 물리적 현상이 수의 원리로 밝혀지는 경우도 있다. 양자의 운동성을 밝혀낸 파동함수는 그 사례다. 이를 전제한다면 만물의 질서는 치밀하고 정밀한 수(정보 또는 데이터) 시스템이다. 패턴을 갖는 정보는 지시나 명령이다. 에너지의 원리도 정보의 패턴일 가능성이 높은 이유다. 무기체인 수나 정보를 유기체와 연결선상에 놓는다면 선뜻 받아들이기 어렵다. 하지만 수리를 기반으로 만든 수많은 프로그램이나 기계어들이 움직이는 물체를 제어하고 조정할 수 있다. 원자도 무기물이지만 그것을 기반으로 한 수많은 결합을 통해 유기물인 생명이 만들어진다. 생명을 현상적으로 정밀하게 통제하는 정보체계에 DNA가 있기도 하다. DNA를 넘어 에너지가 만물의 부를 만드는 주역이라는 점에서 그 주역을 통제나 제어 등이 가능하다면 부가가치를 늘이거나 효율성을 높이는 일이 얼마든지 가능해 진다. 인류는 수를 통해 에너지의 효율성을 획기적으로 높여 왔

"인류가 찾아낸 수많은 수학적 공리들은 신의 섭리를 알아내는 위대한 지식혁명의 노정이었다. 앞으로도 수를 통해 자연의 섭리가 계속 밝혀진다면 인간은 신의 도구라고 할 수 있는 수를 통해 신의 손과 같은 부가가치를 지속적으로 창조해 나갈 수 있을 것이다."

다. 열에너지를 운동에너지로 바꾼 증기기관의 산업혁명은 대표적인 사례다."

Q. 정보의 원리가 수라면 거꾸로도 가능하지 않을까. 수가 정보로 표현되는 사례를 현실에서는 어떤 것들이 있는가.

A. "수가 정보로 표현되는 사례는 너무 많아 일일이 열거하기 힘들 정도다. 수로 가장 표현하기 힘든 것을 예로 들면 이해하기가 쉽다. 앞서 언급한 미적분이다. 수많은 과학자들이 움직이는 물체의 변화율을 알고 싶어 했다. 하지만 그것은 정말 어려운 일이었다. 기울기이자 미분계수 또는 도함수로 불리는 순간변화율은 특히 난제였다. 곡선을 작은 사각형의 면적으로 무한히 쪼개는 구

분구적을 통해 면적을 계산한 것도 인류의 진보였지만 미분의 발견은 현대문명을 가능케 한 경이로운 도약이었다. 순간변화율을 숫자로 표시 가능하자 움직이는 물체의 운동과 흐름이 인간의 시야에 잡혔다. 이를 원용한 계기판이 없다면 자동차, 항공기, 선박, 인공위성 등의 통제는 불가능하다. 또 전류를 측정하는 전력계 등은 보이지 않는 에너지의 흐름도 측정을 가능하게 했다. 모두가 수를 통한 정보들이다. 이를 통해 부가 거침없이 창조됐다."

Q. 수가 부를 만들어 내는 창조력이 대단하다. 이해가 보다 확실히 할 수 있도록 또 다른 사례들은 없나.

A. "제곱 · 세제곱 · 네제곱 등의 거듭제곱근이라는 지수변화도 놀라운 발견이다. 만물의 운동 원리와 우리 생활에서 변화하는 양상을 계산해 보면 직선의 비례보다 지수변화가 대부분이다. 그만큼 운동성은 거의 곡선이다. 우리가 흔히 접하는 대부분의 통계가 지수변화다. 곡선의 통계를 통해 우리는 과거의 패턴을 알아내고 미래를 추론하는 것이 가능하다. 미래 역시 인간의 오감으로 알아내지 못하지만 수는 앞일을 예측하는 것까지 가능케 한다. 주식시황은 실생활에서 대표적으로 부를 쫓고 만드는 예측 지표다. 일기예보 또한 수많은 데이터를 통해 수로 표현되고 미래 정보까지 나온다. 숫자 0의 발견이 이 같은 수의 정보체계에 창조자 역할을 해 주었다. 기준계가 세워진다는 것은 시간의 변화율을 계산할 수 있게 한 신성의 섭리였다. 0이 존재하면서 역설적으로 무한을 가능하게 해 유한을 판단하게 했다. 기준은 무한과 유한을 통해 모든 에너지 효율을 메길 수 있도록 해 주었다. 0은 수의 어머니 같은 위상으로 부가가치의 자궁 같은 역할을 한다. 순환하지 않는 무한소수 초월수(超越數) 역시 상수역할을

동시에 하면서 효율을 결정하는 역할을 한다. 원주율 파이(π)와 오일러의 수 e 도 인류문명의 발전에 큰 기여를 했다."

(8) 부의 역학 3 - 카오스 & 코스모스(혼돈의 질서)

Q. 혼돈의 카오스(chaos)와 질서의 코스모스(cosmos)는 상반된 개념이다. 책에서 이들 양자관계를 하나로 역동하고 있는 시스템이라고 일관되게 논지를 펴는 의미는.

A. "열역학 제2법칙에 따르면 만물은 질서에서 혼돈의 단방향으로 나아가고 있다. 우주의 에너지 총량은 보존되지만 엔트로피(entropy)가 증가하면서 무질서가 확대되고 있다. 전진만 하고 후진을 못하는 에너지 흐름이다. 빅뱅 이후 시간도 한 쪽으로만 흐르는 방향성을 갖고 있다. 엔트로피 무한 증가에 따라 환원 불가능한 복잡계가 만들어 지고 있다. 인위적으로 시간을 되돌리지 못하는 한 카오스의 확산은 멈추질 않는다. 반면 만물의 원리는 수많은 수학의 공리를 통해 밝혀지듯이 초정밀 질서 시스템으로 얽혀 있다. 수식으로 드러나는 자연의 모든 현상은 곧 정밀한 질서다. 이들 수학의 공리가 틀리면 인간은 물론 자연과 생명들이 존재할 수 없다. 또한 우주가 존재해야 할 우주상수 중 극미의 오차만 있어도 우주는 존재하지 않는 질서가 엄연히 존재한다. 무질서가 확산되면서도 질서가 존재하는 양립이다. 카오스와 코스모스는 하나로 엮여 있다."

Q. 자연의 원리가 혼돈과 질서의 융합 시스템이라는 것이지만 느낌으로 와 닿지 않는다. 질서가 없는데 질서가 있는 느낌을 보다 확실히 이해할 수 있는 근거는.

A. "미시세계의 에너지 역학을 보면 질서와 혼돈의 이중성이 드러난다. 대표

적인 것이 현대문명의 총아가 된 전자라는 소립자의 특성이다. 전자는 입자
인 동시에 파동이다. 입자와 파동은 양립할 수 없지만 분명히 양립한다. 도무
지 종잡기 어려운 극적 모순이 만물의 존재 바탕으로 제공돼 현대문명의 찬란
한 꽃을 피웠다. 우리가 사용하는 모든 전자제품은 곧 전자의 움직임이다. 전
자는 인간을 비롯한 모든 생명의 원천이기도 하다. 일과 에너지의 씨앗이다.
이 전자는 특히 존재와 확률이 양립한다. 풀어쓰면 '존재할 가능성'이 전자의
존재방식이다. 이는 방정식 파동함수로 풀렸고 실험적으로 수없이 검증됐다.
즉, 전자는 존재할 가능성의 확률이지만 존재가 확실한 정밀성을 동시에 갖는
다. 확률은 혼돈이지만 존재는 질서다. 만물의 씨앗에 이처럼 전혀 상반된 원
리가 하나로 담겼다. 나아가 미시의 불확실성은 거시의 확실성과 공존하고 있
다. 혼돈과 질서가 공존하는 본질은 무수한 현실에서도 드러나고 있다."

Q. 우리가 현실에서 체감할 수 있는 '혼돈 속 질서'가 궁금해진다. 그 중에서도 역학,
   명리학, 사주 등은 혼돈보다 질서다. 운명은 정해져 있는 것인가.

A. "중력이론을 감안하면 시공간은 운동에 따른 지연 또는 연장효과 때문에
과거와 미래가 현재로 흡수된다. 수십억년 떨어진 시공간에서 두 물체의 움직
임에 따라 과거와 미래의 사건들은 현재가 될 수 있다. 상대의 운동상태에 따
라 100년 전 과거나 100년 후 미래가 나의 현재가 될 수 있다는 뜻이다. 이를
감안하면 운명은 정해져 있다. 운명론을 예측하는 많은 원리들은 결국 혼돈
이 아닌 초정밀 질서다. 이런 원리가 틀리지 않았지만 동시에 틀렸다. 운명은
정해져 있지만 정해져 있지 않다. 말장난 같지만 아니다. 미시세계 전자의 존
재상태처럼 거시세계도 중첩으로 이해하면 된다. 미시의 중첩을 거시로 실험
하고자 했던 슈뢰딩거 고양이 사고실험(思考實驗)을 보면 고양이의 생과 사는

동시에 존재하는 중첩상태다. 이는 확률이고 카오스다. 미시의 원리가 거시의 원리로 연결돼야만 만물의 질서가 설명된다. 거시의 치밀한 천체운동을 보면 소위 인간의 사주팔자는 결정된 원리지만 매순간 그 운명이 달라질 환경이 공존한다. 그 환경은 앞서 언급한 무질서로의 진행과 그 확률성이다. 인간의 삶은 타인들과의 얽힘 속에서 무한 경우의 수라는 무질서에 연속적으로 빠진다. 이 무질서조차 정해진 방식이지만 수학의 공리처럼 경우의 수가 무한한 진행형이라면 두가지 현상은 같기도 하고 틀리기도 하다. 보통 이를 수렴이라고 한다. 정해진 운명이 수없이 다변화 하고 있기에 운명은 정해진 것도 맞고 정해지지 않는 것도 맞다."

Q. 무슨 말인지 혼란스럽다. 이해하기 쉽도록 자연의 언어라는 수학과 기하학으로 설명할 수 있는 방법이 있는가.

A. "1과 2는 절대 같을 수 없는 '다름' 이지만 둘은 하나로 수렴된다는 '같음' 이라는 사례를 들어보자. 정삼각형 빗변 두 개의 길이를 2라는 숫자로 표현하고 이들 빗변과 같은 길이의 나머지 밑변은 한 개이기에 1이라는 숫자로 쓸 수 있다. 정삼각형 양변의 중간점을 활용해 내부 삼각형을 두 개씩 무한히 만들어 가면 양 빗변 두개는 밑변 하나로 수렴한다. 엄밀히 두 개가 하나와 같아진다. 적분도 마찬가지다. 일정한 곡선의 공간을 무한히 사각형(구분구적)으로 쪼개 합산하면 사각형 오차공간들이 곡선으로 수렴해 정확한 면적을 구할 수 있다. 이 정적분 공식이 없었다면 인류의 문명은 존재하기도 어려웠다. 무한히 가까이 간다는 것은 목적이다. 같아질 때까지 무한이 간다면 결국 같다와 다르지 않다. 극한값의 이런 원리는 혼돈과 질서가 하나로 역동하는 자연의 숨은 원리다. 극한값의 발견은 실로 신의 섭리인 혼돈한 질서를 발견한 것과 같다. 다르

지만 같고 하나다. 무한소수인 원주율 파이(π)도 마찬가지다. 소수점 이하 수들이 무한히 불규칙하게 나열되지만 상수로 처리되면서 인류의 진보에 지대한 공헌을 했다. 무한과 유한이 하나다. 무한히 다를 수 있지만 하나의 원리로 역동하는 카오스적 질서는 이미 우리 생활이 된지 오래다."

> "정밀한 자연의 질서가 혼돈과 하나로 역동하는 과정에서 자유의 가치가 빛을 발한다. 자유는 선제적으로 혼돈을 만들면서 질서를 주관하는 에너지를 갖고 모두에게 이로운 부를 만든다. 이는 생명에게 주어진 일의 소명이며 자존감의 실체다."

Q. 카오스적 질서가 자연과 인간을 향한 신의 섭리라면 그 오묘한 조화가 인간의 삶에 어떤 방식으로 관여하고 있는지 그리고 부(富)가 어떤 방식으로 탄생하는지.

A. "자유가 카오스적 질서의 중심에 있다. 자유는 선택의 힘이다. 종교적으로 보면 자유는 선택하는 순간 에덴동산에서 죄가 됐다. 죄는 구속이지만 그 선택이 신을 벗어난 인간의 자유이기도 했다. 자유는 구속과 하나가 됐다. 자유는 이 원리로 인간에게 주어져 있기도 하지만 주어져 있지 않기도 하다. 그런데 선택은 판단이고 결정이다. 인과율의 원리를 본다면 판단과 결정의 자유에는 반드시 책임이 따른다. 책임 역시 시점만 다를 뿐 다가올 상태의 구속이다. 자유의 행보를 하는 순간 구속이 따른다. 나아가 인간은 이 구속에서도 자유로워지기 위해 부단히 노력한다. 이 노력 또한 자유다. 동시에 이 노력이 부(富)를 만드는 단초다. 노력은 경쟁환경을 만든다. 경쟁은 수없이 다양한 변수가 탄생하는 부를 향한 노력의 총합이다. 경쟁이 심화될수록 효율이 높아져 부의 총량이 커진다. 이 부가 증가할수록 경쟁의 변수들이 무한히 확산된다. 이때 부의 운명 역시 결정된 것이면서 결정되지 않은 원리를 탄다."

Q. 부가 카오스적 질서로 탄생하고 커지는 원리라면 돈을 벌고 부자가 되기 위해서는 어떤 태도로 임해야 하는지.

A. "개인의 부는 결코 개인의 부만으로 커지지 않는다는 원칙을 중시해야 한다. 혼자만 잘살겠다는 식의 발상을 버리라는 이야기다. 유아독존 식의 나 홀로 부자가 있다고 해도 오래가지 못한다. 부는 현재를 지속하는 능력으로 판단해야 하기 때문에 그 지속성이 약하면 부자라고 할 수 없다. 따라서 부의 총량을 키우는 방식으로 부를 끌어들이는 태도가 중요하다. 이를 위해 모순, 이율배반, 선악 등을 지나치게 구분하지 않는 지혜가 필요하다. 도무지 가능하지 않을 것 같은 원리가 바로 사건의 섭리라는 것을 봐야 한다. 정해진 것이 절대로 정해진 것이 없다는 믿음을 갖는 태도가 소유하고자 하는 선택의 힘이다. 자유의 힘이 모든 것을 이끈다. 자유는 혼돈이 따르지만 이내 질서를 잡는다. 따라서 눈앞에 보이는 질서보다 자유가 선도적으로 가야 한다. 혼돈을 키우면서 자유가 질서를 만드는 과정 속에서 자신의 부가 이뤄진다. 이런 행보가 사회 또는 국가가 모두 누릴 수 있는 부의 총량을 키운다. 혼돈을 향해 가는 질서자는 그래서 신적 경지의 능력자로 옹립되기도 한다. 자유시장에서 이들은 신화로 불려진다."

Q. 책에서는 신화를 창조한 사람들을 영웅으로 규정하지만 때로는 이들이 경쟁과정에서 부당하고 부도덕한 행위를 하기도 하는데.

A. "선택의 시작은 매순간 바퀴를 돌리는 일의 연속이다. 선택은 불연속이지만 바퀴는 연속이어야 한다. 불연속한 선택이 연속되는 바퀴를 굴릴 때 자유가 필요하다. 자유가 무한히 공급되지 않으면 자유시장의 부가가치(부) 바퀴는 구르지 않는다. 이 바퀴를 혼자 돌리는 것 같지만 모두가 함께 굴린다. 개인 혼

자서 돈벌이를 하는 것처럼 판단하고 결정하는 선택의 과정이 모두가 바퀴를 굴리는 효과가 나온다. 국부론 이후 자본시장의 이 원리는 변한게 없다. 개인은 수없이 혼돈스럽지만 결국 전체의 질서 속에 있다. 혼돈 과정에서 개인은 부당하고 부도덕한 행위를 벌이기도 한다. 그 혼돈이 바퀴를 돌리는데 필요한 경쟁을 만들어 낸다. 자본주의의 먹이사슬이 만들어지고 차별이 탄생한다. 진선미(眞善美)와 위악추(僞惡醜)가 대립하면서 갈등도 심화된다. 이 순간에 신성의 운행 원리인 사건의 섭리가 지속적으로 일어난다. 부당하고 부도덕한 일이 제도와 법 그리고 양심으로 제어된다. 모순이 양립하는 혼돈 속에 질서가 세워지기를 반복한다."

Q. 카오스와 코스모스가 마치 빛의 전기파와 자기파처럼 교란하면서 나아가는 듯한 현상이 연상된다. 빛이 생명 에너지의 원류이듯 카오스와 코스모스도 그렇게 이해하면 되는가.

A. "미(美)와 추(醜)도 극과 극이지만 경계가 없다고 봐야 한다. 진선미와 위악추의 진위, 미추, 선악이 같은 원리에 있다. 권력과 도덕이 무한히 길항작용을 하듯이 이들 극과 극의 대상들이 동일한 흐름을 탄다. 혼돈의 질서에서 끌려 다니지 않고 주인이 되기 위해서는 행복의 원리를 보면 된다. 자연과 생명 그리고 인간 모두 일에서 행복이 나온다. 일은 존재하는 것을 존재하게끔 스스로 가치를 제공한다. 자존감의 정체다. 일은 힘겹고 고생스럽지만 존재하는 것에 대한 실존을 의심하지 않게 해준다. 만물 한 가운데 반드시 존재해야 할 이유가 있는 삶을 보도록 해준다. 이 길은 진실과 허위를, 아름다움과 추함을, 선함과 악함을 모두 보는데 있다. 추함의 거울을 통해 아름다움을 보듯이 허위와 악함에 대해 질서를 향해 가는 혼돈의 한 축으로 이해해야 한다. 이것이 양심의 정체다.

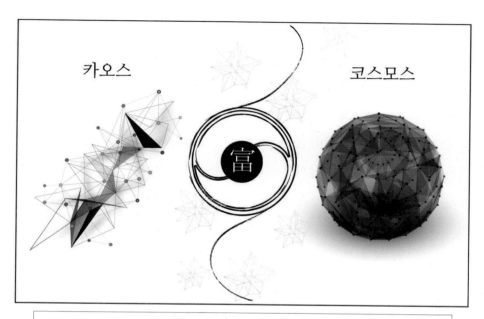

> "자유시장에서는 경쟁과 차별이 끊임없이 벌어지면서 반칙도 적지 않지만 그것
> 조차 수렴하는 용기가 카오스적 질서를 따르는 행동이다. 힘들고 고통스럽지만
> 카오스를 정면으로 마주할 때 자신이 질서의 주관자가 되면서 자유시장 부의 총
> 량을 키우는 선도자가 된다."

위악추를 보지 않은 채 진선미만을 볼 수 있다고 한다면 오히려 비양심이다. 위
악추에 가려 잘 보이지 않는 양심의 다리를 건널 용기가 생명의 본질이다. 눈앞
을 가로막는 희뿌연 위악추는 양심의 힘으로 걷어내는 것이 가능하다."

Q. 수없이 많고 시시각각 닥치는 자유시장의 반칙환경 때문에 정당한 부를 쌓기가 대
　　단히 어렵다. 혼돈의 질서를 이끄는 주역이 되려면 어떻게 해야 하나.

A. "사랑도 주인이 하고 증오도 주인이 하라는 말을 하고 싶다. 주인된 의식
　은 선택의 무한 자유를 스스로 갖게 된다. 주인이 될 때 분별심을 넘어 잘 나오

지 않는 양심을 꺼내 쓸 수 있다. 분별심은 양심을 가두는 방식이고, 분별심을 극복한 양심은 그래서 승리를 담보해 준다. 이 믿음을 강력하게 옹립하는 것이 아름다운 세상을 만들어 가는 영웅다운 태도다. 누구나 영웅이 될 수 있지만 본성으로 타고난 게으름과 나태 그리고 두려움 등이 치열하게 방해한다. 따라서 강력한 양심은 위대한 탑을 오르는 주인이다. 이 주인의 본성은 부정적 혼돈을 오히려 계단삼아 질서의 탑을 오른다. 꼭대기에 올라 세상을 보면 혼돈의 질서를 선도하는 자신을 본다. 주인은 경계가 없다. 보이지 않아도 보고 있고 보고 있어도 보지 않는다. 혼돈을 넘어 보면서 눈 앞의 장벽은 보지 않는다. 심부(心府)에 카오스와 코스모스가 하나로 역동하고 있다. 막힘이 없는 무애(无涯)의 질서다. 현실의 무수한 분별심을 늘 없애는 무아(無我)의 태도가 이같은 카오스적 질서의 문을 연다."

(9) 부의 역학 4 - 임계의 시공간

Q. 책의 일관된 논지인 '혼돈의 질서'가 만물의 원리라고 했다. 혼돈도 아니고 질서도 아니면서 동시에 혼돈이 있고 질서도 있는 상태를 알기 쉽게 설명한다면.

A. "임계상태다. 임계(critical)는 극적 경계점이다. 중대한 고비이자 위기일 수 있지만 변화의 시작을 알리는 곳이다. 임계는 어떤 방식으로든 반드시 드러나야 하는 시공간이다. 드러남은 힘의 작용이다. 극과 극의 임계선상에서 자연의 많은 물질과 힘들이 시공간에 모습을 드러낸다. 시공간은 꽉 찬 에너지장이다. 에너지들이 끊임없이 요동치는 강력한 운동장이다. 소립자 물질(페르미온)과 힘의 매개입자(보손)들이 시공간과 조응하며 탄생하고 사라지기를 반복한다. 이들 만물의 씨앗이자 그 힘의 본질이 임계선상을 움직이고 있는 것이

다. 페르미온과 보손은 상호 치환되면서 모습을 바꾸기도 한다. 질량은 에너지가 될 수 있었다. 인류에게 원자력이 선물로 주어졌다. 핵분열에서 연쇄반응을 지속하는 임계상태가 막대한 에너지원이 됐다. 극적 경계점이 이처럼 만물의 원리이자 에너지원이다. 자연과 생명이 이 임계점에서 숨을 쉰다. 가장 위험하지만 가장 안전한 시공간이다."

Q. 우리가 사는 시공간이 극도로 위험한 임계상태라니 놀랍다. 그런데 오히려 안전한 둥지가 될 만큼 신의 은총이라고 할 만한 또 다른 사례들은.

A. "지구를 중심으로 한 천체의 거시 움직임을 보면 절묘하다. 인간이 사는 지구의 자전과 공전, 생명의 원천인 태양의 온도와 핵융합, 지구에서 가장 가까운 행성인 달의 인력 등이 모두 임계선상에 있다. 지구의 자전축이 아주 조금만 바뀌어도 극도로 정밀한 자기장의 질서가 흔들려 전 인류는 물론 모든 생명체들이 위협을 맞는다. 자기장이 사라질 경우에는 파멸이다. 또한 자전과 공전도 오차가 거의 없는 원운동은 1분, 24시간, 1년 등으로 구분해 시간과 날짜를 사용할 수 있는 절묘한 도구가 돼 주었다. 인류는 수천년간 지구의 원운동 시스템을 시간의 좌표로 삼고 살아 왔다. 이 원운동이 불규칙하면 보이지 않는 시간의 흐름(에너지)을 활용하지 못했을 뿐만 아니라 기후변화로 인해 인간과 자연의 생리시계 전체가 위험해지는 재앙을 피하지 못했다. 지구는 신의 은총이라고 할 만큼 천혜의 공간이 됐다."

Q. 지구 자전과 공전 운동 뿐만 아니라 태양이나 달도 임계선상에서 자연과 생명 에너지를 지켜주고 있다는 것은 어떤 의미인가.

A. "섭씨 약 6000℃에 달하는 태양의 외부 온도는 지구와 생명체의 운명을 결정할 만큼 정밀한 온도차이를 자동제어 중이다. 이 온도가 지금과 같은 상태를 유지하지 못하면 지구상의 생명체는 살아남기 힘들다. 섭씨 약 1500만℃인 태양 내부의 온도 또한 마찬가지다. 이 온도는 핵융합을 통해 생명의 원천인 빛이 만들어지는 기막힌 환경을 제공한다. 고체·액체·기체 상태 외 제4의 물질이라는 플라스마 상태의 초고온·초고압이 정교하게 유지되면서 생명의 원천인 빛(핵융합) 공장이 수십억년 간 가동돼 왔고 앞으로도 수십억년간 그 정교함이 유지된다. 우리가 흔히 보는 달의 인력이나 자전·공전 주기도 들쭉날쭉 변화가 심하면 지구에 큰 위기가 닥친다. 달이 변함없이 한쪽면만을 정교하게 비춰주는 것과 같이 달의 자전주기와 공전거리는 지구의 자연과 생명체에게 보금자리 같은 역할을 해준다."

> "시공간에 드러난 생명과 자연은 임계의 원리에 따라 극도로 위험한 환경이기도 하지만 동시에 가장 안전한 환경이라는 이중성을 갖고 역동 중에 있다. 인류가 발을 딛고 살아가고 있는 지구에도 이 같은 임계의 원리들이 수없이 적용돼 지상천국이라고 할 만큼 소중한 보금자리가 됐다."

Q. 태양계 밖의 우주적 관점에서도 임계상태가 있는지 궁금해진다. 무궁무진한 우주는 매우 안정적일 것 같은데.

A. "광활한 우주 또한 중력이 극미의 변화만 있어도 위험하다. 우리 은하계가 속한 우리 우주뿐만 아니라 수많은 우주가 있는 것으로 알려진 다중우주 전체가 임계상태로 강력히 추정된다. 우리 우주만 해도 극적 임계상태다. 다중우주 전체에 존재하는 것으로 알려진 암흑에너지가 임계선의 증거다. 중력을 이겨내고 반중력으로 우주 팽창을 지속하게 하는 것으로 알려진 암흑에너지의

척력은 0의 소수점 아래 무려 숫자가 122개나 계속된 뒤 1이 나온다. 단순계산으로 10억을 12번 곱한 것 이상으로 작다. 거의 0에 가까운 힘이다. 전 세계 엘리트 물리학자들이 매달리는 첨단 이론물리학인 끈이론과 다중우주 등의 가설에 의해 계산된 힘이다. 우주를 팽창시킬 만한 힘이 너무 약한 이유는 우리 우주만 보면 해석이 불가능하지만 다중우주론이면 해석이 가능해진다. 따라서 암흑에너지 0의 소수점 이하 마지막 끝자리 몇개만 바꿔도 우주의 운명을 예측하기 어렵다. 이 같은 극초정밀 원리는 곧 극적 임계상태다. 우주가 초정밀의 질서라는 코스모스로 불리는 이유다."

Q. 한 치의 빈틈도 없는 만물의 원리를 보면 신비로움을 넘어 감사한 마음이 든다. 임계질서가 인간에게 부가가치를 어떻게 제공하고 있는지.

A. "임계현상 대부분이 자연의 부가가치 원리다. 자연과학적 부가가치는 앞서 언급한 초정밀의 질서들이 모두 인간의 문명에 이용되면서 찬란한 부의 금자탑을 쌓게 했다. 에너지의 흐름 또는 천체의 움직임을 인간의 약속된 시간으로 정밀하게 관리하면서 수많은 부를 일궜다. 이들 임계질서를 인간이 알아채지 못하고 수리로 관리하지 못했다면 원시적 생활을 면하기 어려웠다. 기계적으로는 나침반이 현대문명의 주춧돌 역할을 했다. 지구의 자기장은 남극(N극, 나침반 S극)에서 나와 정확히 원을 그리며 북극(S극, 나침반 N극)으로 들어가 자기보호막을 형성한다. 신비롭게도 에너지 제로의 합으로 평형상태를 이루며 막을 유지해 인간과 생명을 모두 죽일 수 있는 태양풍을 막아준다. 나침반은 육상과 해상 그리고 하늘에서 정확한 방향을 알려주는 절대적 길잡이 역할을 해주면서 상상할 수 없는 물류의 부가가치를 일으켰다."

Q. 자연과학적 부가가치에 미치는 임계질서가 인문학적으로는 설명할 수 없는가.

A. "도덕률로 설명될 수 있다. 위태로운 질서와 초정밀 질서가 같은 말이듯이 부가가치는 위기와 안정의 임계선상에서 만들어진다. 일상의 원리가 곧 임계점의 일이다. 자본주의 시장이 살아 꿈틀거리는 단초도 수많은 임계점의 일들이 지속되는데 있다. 에너지가 역동하는 자유시장의 일은 임계선상에 있는 도덕률과 같다. 부가가치와 도덕률은 얽힌 에너지다. 현상적으로는 공동선에 기여하고 본질적으로는 절대선을 추구하는 것이 일이기 때문이다. 일이 없으면 인간에게 가장 소중한 존재감이 무력감으로 변한다. 존재감은 삶이지만 무력감은 죽음이다. 공동체의 필요성과 얽히는 일을 할 때 존재감 어린 부가 만들어진다. 이런 태도로 일에 매진할수록 극적 임계상태에서 더 많은 부가 쌓인다. 따라서 부는 이기심보다 이타심을 통해 총량이 증가한다. 졸부나 백수의 편안함이 좋다면 부의 총량만 축내기에 속된 말로 짐승과 다를 바 없다. 부의 생산에 기여하는 이타심이 없는 생명은 영혼이 빠진 상태다. 이기심과 이타심의 임계선상 모습이 보통 사람들의 치열한 삶의 모습이다."

Q. 편안하게 먹고 사는 것이 꼭 지탄을 받을 일은 아니라고 본다. 상속이나 증여 등을 통해 받은 재산이 있다면 일을 하지 않고 즐기면서 사는 것도 행복 아닌가.

A. "대개 일은 가급적 적게 하고 돈은 쉽게 벌려고 한다. 이기심의 충만이다. 나아가 공짜나 요행이 행복이라고 보기도 한다. 하지만 이기심을 극대화 하는 방법만으로 생존이 절대 담보되지 못한다. 임계선상에서 벗어나 있기 때문에 부의 시공간에 존재하기 어렵게 된다. 일은 에너지를 쏟기만 하는 과정이 아니라는 것을 확신해야 한다. 일의 효율을 통해 쏟은 것만큼 더 많은 에너지를 갖

게 하는 것이 자유시장이다. 거꾸로 아무리 부자라도 일을 하지 않거나 일을 해도 효율을 내지 못하면 가난으로 떨어진다. 다시 말해 일을 통해 이타적 행복을 얻었다면 이기심의 발로라고 해도 부가 넘치는 임계선상의 존재가 된다. 책임을 떠안는 이기심도 마찬가지다. 가족, 사회, 국가, 인류 등으로 범위를 넓혀 책임감을 가질수록 임계점은 높아진다. 고점을 향해 갈수록 고에너지를 쓰지만 저에너지를 쓸 때보다 효율은 훨씬 더 높아 더 큰 부를 이룬다. 동시에 자존감과 행복감을 가질 수 있는 삶이다. 돈이 풍부하다고 해서 안락함만을 즐기는 것이 행복이라고 느낀다면 아무도 인정해주지 않는 짐승같은 삶에 대한 착각일 뿐이다."

Q. 일을 하면서 수없이 많은 위험을 마주하는 것이 고난이다. 굳이 고난을 만들어가면서 까지 힘든 임계 에너지를 쏟을 필요가 있는지.

A. "일은 생명에게 선택의 여지가 있는 것이 아니다. 생명이 자존감을 갖도록 하기 위해 신성의 원리로 주어졌다. 유행가의 제목처럼 존재의 이유에 임계선이 있다. 자연계 모든 생명은 일할 책무가 있다는 것이다. 일을 하지 않는 생명은 태어날 이유가 없는 존재가 된다. 치열한 삶의 과정이 곧 일이라고 했다. 아무리 작은 미물이라도 생사의 운명을 걸고 일을 하지 않는 생명들이 없다. 심지어 박테리아도 치열하게 싸우며 생명을 유지한다. 모든 생명은 운명적으로 열심히 살지 않으면 안 되는 본질을 갖고 태어났다. 일이 주는 자존감은 필연적으로 살아야 할 삶을 이행하는데서 나온다. 돈은 그 결과로 주어진다. 반면 돈을 이미 많이 갖고 있다면 많은 경우 게을러지고 나태해지며 나아가 오만해지기까지 한다. 설사 공손하고 겸양한 태도를 갖고 있다고 해도 일을 하지 않는 자체가 생명의 목적을 상실한다. 이때 돈은 소유가 아니라 '분산의 과정'이라는 가치

의 의미를 이해하면 된다. 주변에 모두 이로운 분산은 일을 통해 이루어진다. 공짜로 생기는 돈, 쉽게 버는 돈을 멀리하지 않으면 불운과 불행을 부른다. 가난은 일을 하지 않는 게으름의 형벌이다. 종국에는 생명의 위협까지 받는다."

Q. 일이 강제적으로 주어진 짐이라고 하니 구속당한 느낌이 든다. 축복으로 태어난 생명이 고난의 가시밭길을 걸어야 축복이라면 모순 아닌가.

A. "탄생 자체가 고통의 산물이다. 삶도 고난의 연속이다. 그럼에도 탄생이 축복인 것은 고통과 고난의 임계선상에서 생명의 희열을 느끼기 때문이다. 봄에 만물이 싹을 틔울 때 그것을 축복이라고 보지만 실제로는 치열한 산고다. 생명은 일의 멍에를 쓴 것이 아니라 그 멍에를 통해 축복의 찬가가 나오도록 하는 원리가 정해졌다. 멍에가 축복임을 의심하지 말아야 한다. 멍에를 선택한다는 것은 자신을 똑바로 보기 위한 극단적 자기모험의 성격을 띠었다. 자신과 벌이는 사투는 세상과 싸워 이기기 위한 자신과의 비극이다. 자신의 비극을 강하게 품고 일을 통해 세상을 밝히는 방식은 예술이고 미학이다. 비극적인 추(醜)의 미학은 바로 임계점에 있다. 다양한 추함을 겪게 될수록 책임범위를 넓히며 세상을 개척해 나간다. 이는 멍에이지만 선한 마음이다. 누구나 깊은 마음속에 선심(善心)의 일가치를 갖고 산다. 반면 일에 대해 회의감이 들거나 나태해지면 종국에는 자신의 목에 칼을 대는 위험한 상황을 초래한다. 하는 일마다 풀리지 않고 주변의 냉대만이 가득해진다. 자칫 운명을 거부하는 정신병자가 되기도 한다. 힘들고 고달픈 일이 주는 축복의 급부가 얼마나 행복한 것인지 느끼게 된다."

"생명은 일을 하도록 의무가 주어져 있기 때문에 일을 통해 자신의 자존감과 살아가는 근본 이유를 알게 된다. 자유시장에서 각 개인들이 이기심으로 시작한 일들이 경쟁을 촉발하고 그 과정에서 임계상태의 부(富)를 만들어 결국 상호 도움이 되는 이타적인 결과들을 만들어 낸다."

Q. 멍에를 좋은 의미로 설명했지만 여전히 성서의 원죄 같다. 인류가 갈등하지 않고 사랑 만으로 공동체를 이루면서 풍요로운 사회를 만들 수는 없는가.

A. "단호하게 없다고 하겠다. 이는 원죄론이 아니다. 멍에가 씌워지지 않은 삶은 오히려 불행이라는 것이다. 인간이 유토피아를 꿈꾸는 것은 말 그대로 꿈이다. 이상사회나 이상국가를 추구하는 의지는 이심전심 이해하지만 불가능하다. 사후 천국을 향하고자 하는 것은 종교의 문제이니 논하지 않겠다. 지상에서 천국처럼 살겠다는 욕망은 그야말로 가장 큰 탐욕이다. 전 인류가 일을 하

지 않고 편안히 살 수 있다는 꿈은 초등학생도 머리를 좌우로 흔들 일이다. 그런데 이런 이상사회나 이상국가가 가능하다고 구체적인 몽상을 한 철학자가 지상에서 수십억명의 인류에게 영향을 미쳤다. 이데올로기 망상이다. 이념은 인류를 탐욕의 천국으로 끌어들이면서 그것을 이용한 두 얼굴의 사람들은 그들만의 철옹성을 쌓아 권력을 한껏 누렸다. 이념은 임계점을 거부한 채 극단의 한 쪽에 선 것이기에 부를 만들어 내지 못한다. 화려한 사상누각은 결국 빈껍데기로 무너져 내렸다. 멍에를 쓴 임계점은 아슬아슬하지만 무한 자유가 부여된 생명의 보금자리다."

(10) 부의 역학 5 - 빛의 연금술

Q. 누구나 빛은 생명의 본질이라는 정도는 알고 있다. 책에서도 빛의 본질에 대한 비중을 많이 다루고 있다. 빛은 인간에게 어떤 의미가 있나.

A. "빛은 지구상 모든 생명체에게 따뜻한 온실을 제공하면서 에너지 원천이 돼 준다. 이 빛은 태양 내부 수소 핵융합 과정에서 만들어진다. 인간의 몸도 약 100조개의 세포에 1개 세포당 100조(10의 28승)개의 원자 중 수소가 상당량을 차지한다. 원자수 비중으로 63%나 된다. 인간을 비롯한 생명과 물질에 필요한 모든 원소들은 수소부터 시작된 핵융합 과정을 통해 태어난다. 질량비로 인체의 65%를 차지하는 산소(원자수 비중 25.5%)의 경우만 해도 수소로 만들어진 헬륨과 그 헬륨으로 만들어진 탄소 간 핵융합으로 탄생한다. 이처럼 모든 원소들은 수소가 시조격인 원시 조상이다. 이 원소들의 자궁이 또한 별들의 가장 깊숙한 안쪽에 있는 빛 공장이다. 빛은 수소로 초연결 된 인간과 만물의 섭리에서 마치 질서자 역할을 해준다. 또한 태양과 지구는 빛이 생명의

역할을 할 수 있는 놀라울만큼 최적의 거리에 있다. 식물은 이 빛을 이용한 동화작용으로 포도당을 만들어 지구상 모든 생명체들에게 원천 에너지를 공급한다. 인간을 비롯한 동물은 큰 화폐(포도당)를 잔돈(ATP)으로 수없이 쪼개 사용하듯 이화작용을 통해 정밀한 생명들을 유지한다."

Q. 평범하게만 보아 왔던 빛의 정체가 궁금해진다. 빛이 구체적으로 어떤 원리에 의해 인간과 생명에게 꼭 필요한 질서자 역할을 하고 있다고 보는가.

A. "빛은 신기하게도 인간의 물리량으로 계산하는 상대적 기준점을 갖고 있지 않다. 빛 스스로 절대적인 기준이다. 빛을 향해 뒤쫓아 가든, 빛의 정면을 마주보고 가든, 설사 마주쳐 비켜 지나가도 빛의 속도는 변함이 없다. 빛은 자신이 기준이 돼 시공간을 변형시키거나 왜곡시킬 수 있는 가공할 능력을 가졌다. 다시 말해 빛의 속도인 광속은 인간의 오감으로 이해할 수 없는 시간 지연효과와 길이 수축효과를 낸다. 반면 질량을 가진 물질이 광속에 도달하기 위해서는 무한질량으로 증가해야 하기 때문에 광속을 내는 것이 불가능하다. 오직 빛만이 자신만의 광속을 낸다. 빛은 질량을 갖지 않은 채 마치 신의 손처럼 시공간(현실)을 창조한다는 것이다. 신의 세계에 있어야 할 법한 이런 빛이 인간과 생명들에게 더없이 은혜로운 존재로 와 있다. 그래서 질서자라고 불러도 손색이 없다고 본다."

Q. 이해가 잘 되지 않는다. 빛이 상대속도의 영향을 받지 않고 절대속도로 시공간을 창조하면 우리의 현실이 바뀔 수 있다는 뜻인가.

A. "절대속도를 이해하니 굳이 특수상대성이론을 설명하지 않겠다. 광속의 절대속도 특성은 전자와 광자(광양자)가 그 중심에 있다. 빛은 에너지로 보

면 전자의 입자성이지만 광속으로 보면 전자의 파동성이다. 빛은 곧 전자기 파다. 전기는 자기를 유도하고 자기는 전기를 유도해 사실상 전기와 자기는 한 몸이다. 전자의 가속도(파동) 움직임에 따른 전자기파와 광자의 전자기 힘을 매개되는 원리가 결합해 전기장과 자기장이 인력(引力)과 척력(斥力)을 정밀하게 교환하면서 나아간다. 이 원리가 시공간을 창조하는 능력을 가지면서 우리의 현실을 실제로 혁명적(빛의 속도)으로 바꾸어 왔다. 수많은 전자기기를 비롯해 인터넷과 무선통신은 그 대표적 상징이다. 전자기 파동을 '교란(攪亂)'이라고 표현한 것은 음파가 공기를 매질(媒質, 매개물질)로 해서 나아가지만 빛은 자체의 힘만으로 나아가는 신비로운 원리가 있기 때문이다. 교란은 '스스로 흔들고(攪) 다스린다(亂)'는 의미로 썼다. 빛은 누구도 간섭받지 않는 완전성을 띠었기에 우리의 현실을 창조하는 주역이 될 수밖에 없다."

Q. 빛이 우리의 일상생활을 바꾸는 역할을 한다는 것이 놀랍다. 그러면 빛이 지상의 존재를 넘어 마치 신처럼 역할을 한다는 것인지.

A. "종교적인 신만이 질서자라고 생각하면 안 된다. 가족이 가장 소중하다고 생각한다면 가족을 책임지는 가장은 남편이든 아내든 장남이든 누구도 질서자가 된다. 무한책임을 짊어지면 퇴로 없이 무조건 현실을 창조하며 나아가야 하기 때문이다. 이는 만물의 질서에서도 다르지 않다. 자연과 생명에 소중한 그 무엇에 핵심적으로 관여하고 반드시 필요한 역할을 할 때 의도 하든 의도하지 않든 질서자가 된다. 빛은 자신의 힘으로 시간도 사라지게 하는 초월적 물리법칙을 관장한다. 빛이 생명과 문명에 거의 무한한 역할을 하고 있다. 전자의 일(가속운동)이 이 같은 빛을 만들어 냈다."

Q. 빛은 우리 곁에 항상 당연히 있어야 할 존재로만 생각해 왔다. 그 존재의 이유가
더 궁금해진다. 빛이 주는 실생활에서의 구체적인 부가가치는.

A. "앞서 언급한 빛의 질서가 신의 세상에서 벌어지는 일이 아니고 인간 세상
에서 단 한시도 빠짐없이 일어난다. 인간이 현실에서 일을 하는 모든 행위에
빛이 직·간접 관여돼 있다. 아침에 눈을 뜨면 태양이 있고 저녁에는 수많은
불빛들이 또 있다. 태양은 무한 부가가치의 원점이다. 그 가치의 정점에 있
는 빛이 지구라는 인간의 땅에 내려왔다. 우리 생활 주변에서 전자기력을 활
용하지 않는 사례가 오히려 찾아보기 어렵다. 전기 또는 자기 문명의 부가가
치는 상상 자체를 논하기 어려울 정도로 성장해 왔고 앞으로는 훨씬 더 빠른
발전을 해나갈 것이 확실하다. 극미의 아원자 단위에서 일어나는 빛의 동력
이 주는 부가가치는 거의 무제한이다. 전자는 모든 생명은 물론 현대문명이
존립할 수 있는 근원 에너지 역할을 하는 초능력 일꾼이다. 수많은 동력의 원
천이 돼 찬란한 문명의 금자탑을 쌓도록 했다. 또한 전자는 인간에게 생명유
지에 가장 중요한 시력 등 오감을 주었다. 가시광선 밖의 적외선, 마이크로파
(전자레인지), 라디오파(무선용 전파) 뿐만 아니라 자외선, X-레이(의료용 촬
영), 감마선(방사선 치료) 등도 인간의 눈과 생명의 질서를 대신하고 있다. 빛
은 가히 신성에 버금가는 연금술사 역할을 하고 있다."

"전기장과 자기장의 정밀한 '교란(攪亂)'을 통해 음파처럼 매질(매개물질)이 없이
도 절대속도 광속을 내는 빛은 신비롭다. 빛은 '스스로 흔들고(攪) 다스리는(亂)
방식'으로 모든 만물의 질서에 관여하고 주도하는 일을 하면서 부(富) 에너지의
원천이 되고 있다."

Q. 빛이 주는 원초적 부가가치 효과와 그것을 기반으로 한 시장의 질서를 이해하겠다. 그렇다면 빛이 현실의 빈부를 가르는 역할을 하고 있는지.

A. "빛이 이성을 갖고 현실의 빈부를 가르는 역할을 당연히 하지 않는다. 하지만 빛의 근본원리를 이해하지 않거나 따르지 않으면 현실에서 빈부가 갈린다. 빛의 전자기파는 실로 정교하다. 한 싸이클당 2파이(π) 파장의 값은 순환성 · 대칭성 · 상관성 · 상보성 · 동일성 원리다. 만물의 원리가 이런 빛의 원리를 따른다. 극과 극의 대립이 절묘한 조화를 이룬다. 입자와 파동의 모순이 또한 정교한 힘의 조화를 가능하게 했다. 인간의 삶도 극과 극의 연속이 수없이 이어진다. 진선미(眞善美)와 위악추(僞惡醜)는 그 상징성을 띤다. 이 중에서도 선악을 대하는 태도가 빈부를 가른다. 선악은 상호 인력과 척력으로 조응하는 상보적이며 상관된 관계다. 악은 선이 없고 선은 악이 없는 부족한 부분을 상호 상보적으로 보충하며 선악의 자기위상을 갖는다. 선만을 추구하면 선이 되는 것이 아니라 악도 된다. 오히려 악을 품에 안는 용기로 선을 추구했을 때 선을 완성해 간다. 빈부도 마찬가지다. 부자와 가난의 원리가 밖에 있지 않다. 가난한 상황 또는 가난해질 상황을 응시하고 마주 대하지 않으면 부자가 될 수 없고 부자라도 가난으로 떨어진다."

Q. 빛의 성질을 현실에 꿰어 맞추는 것 같은 느낌을 받는다. 빛의 원리가 실제로 자연의 섭리와 인간의 삶의 방식이라고 할 법칙이 있는가.

A. "논리의 비약이 아니다. 인간이 삶을 영위하는 지구, 태양계, 은하계 등 거시 천체의 운행 근본원리가 원운동이다. 미시세계도 마찬가지다. 원운동을 좌표상으로 펼치면 파동이다. 원운동과 파동은 힘을 더하는 가속운동이란 공통점

"인간과 자연 그리고 모든 생명들에게 빛은 에너지의 근원이자 만물의 씨앗 역할을 한다. 실제로 질량을 갖고 있는 물질이 도달할 수 없는 절대속도인 광속을 통해 시공간(현실)을 지배하고 창조한다."

을 갖는다. 실제 원과 파동은 미적분과 삼각함수 등 수학 공리로 함께 푼다. 수학과 기하학은 숨어 있는 만물의 섭리를 인간이 확신할 수 있는 징표다. 자연의 언어로 푼 자연의 신비 중 자연의 일반원리와 가장 닮고 인간의 삶의 원리가 되는 대표적인 것이 빛이다. 하늘의 원리인 원과 파동의 가속운동은 인간에게 일이다. 일은 부가가치를 생산하는 방식이고 그것은 돈으로 표현된다. 돈이 빛의 운동성인 순환성 · 대칭성 · 상관성 · 상보성 · 동일성을 따르는 것은 결코 우연이 아니다. 빛의 이런 원리들에 파도를 탈 때 개인도 부자가 된다."

Q. 빛 또는 빛을 만드는 전자를 직접적으로 통제하는데 따른 영향으로 상상할 수 없는 인류의 부가 어떻게 영향을 받고 있는지.

A. "빛을 다루지 못하면 개인도 국가도 가난을 피하지 못한다. 오늘날 부는 전기라는 에너지 생산 및 관리능력에 좌우된다. 전자기유도(빛)라는 단순한 수식이지만 아름답고 혁명적인 방정식에 의해 탄생된 전기의 인공적인 발전 능력은 인류 모두에게 부의 시작을 알림과 동시에 절대 포기할 수 없는 배수진이 됐다. 빛을 만드는 전하를 띤 전자의 직접적인 통제는 인류에게 스스로 선사한 가장 큰 부의 축복이 됐다. 나아가 인위적 빛 공장인 인공태양의 핵융합 기술은 인류의 부를 한차례 더 획기적으로 키울 야심찬 비전으로 떠올랐다. 대형 핵융합로는 머지않은 장래에 실용화의 길을 가고 있다. 이를 넘어서 소형 핵융합로가 상용화 된다면 인류는 다른 은하로의 여행도 가능할 수 있는 무한 에너지(부)를 얻고 활용하게 된다. 핵융합 원료인 수소는 우주에 70%가 넘는다."

Q. 빛의 운동성을 갖는 다섯 가지 특성이 매우 의미 있게 보여진다. 이 원리가 자유시장의 각 개인들에게 어떤 방식으로 적용되는지.

A. "돈은 순환하지 않으면 불운이 닥친다고 했다. 또한 큰 순환을 할수록 큰 부자가 된다는 논지도 폈다. 순환성은 네트워크형 분산의 방식이라는 말로 본문에서 많이 다룬 부분이라 재론하지 않겠다. 대칭성은 전자기파처럼 일과 돈에 대해 수시로 닥치는 극과 극의 상황을 피하지 말고 정면 대응으로 유지해야 한다는 뜻이다. 베품과 소유, 양심과 탐욕, 성실과 나태, 책임과 무책임, 사랑과 증오 등의 대칭성을 아무리 힘들더라도 깨지 말아야 한다. 이들 대칭이 얽히면서 상관하고 있는 상보성을 매순간 변하지 않는 동일한 자세(항상성)로 관조하는 것이 부의 길을 가게 한다. 자유시장에서 이 특성을 수용하는 자세는 지극히 평범하지만 그래서 오히려 실천하지 않는 사람들이 더 많다. 빛은 평형을 이루

고자 같은 극이 오면 밀고 멀어지면 잡는 항상성을 기막히게 유지한다. 평형은 긍정과 부정 사이에서 절대 한쪽에 우월한 마음을 갖지 않는 강인한 유연성이다. 빛의 이 유연성이 시공간을 창조하는 가공할 파동성을 만들어 냈다."

Q. 살다보면 옳고 그름의 정의와 부당함이 분명하고 슬픔과 기쁨, 행복과 불행 등이 확연하게 닥친다. 인간의 한계를 넘는 빛의 원리를 주문하는 것이 무리 아닌가.

A. "광속은 빛의 진동수나 파장의 크기에 관계없이 일정한 절대속도를 유지한다. 전자기파(빛)들은 제각각 상호 반비례하는 진동수와 파장이 다른 형태를 취한다는 점이다. 진동수가 높으면 파장이 짧아지는 식이다. 이처럼 진동수와 파장의 유형이 달라도 모든 전자기파들(빛)의 광속이 정밀하게 유지되는 전기장과 자기장 교란의 역학을 곱씹어 봐야 한다. 마음의 항상성도 빛의 파동현상처럼 극과 극의 유형이 다른 많은 환경적 변수가 있더라도 자신의 페이스를 유지하는 힘이다. 대부분의 사람들이 극과 극에 휘둘리고 산다. 희노애락(喜怒哀樂)을 극복하기 힘든 경우가 다반사다. 그것이 심하면 조울증 등 정신병이다. 이를 평정 가능하다면 빛의 성질처럼 자신이 원하는 시공간을 만들고 개척하는 것이 가능해진다. 이는 과학의 원리가 물론 아니다. 하지만 수없이 많은 사례들에서 드러난 상식이고 경험이 되면서 원리다. 선험적·의식적·경험적으로 자연의 원리가 증거되고 있는 사례는 너무나 많다. 빛의 원리를 우리 삶의 원리에 적용할 경우 남들이 불가능하다고 하는 일들을 성공시킬 수 있는 수많은 지혜가 찾아온다. 무엇보다 그 어떤 상황에서도 행복한 마음을 유지할 수 있다."

(11) 부의 본질 1 – 추(醜)의 미학

Q. 누구나 추(醜)한 것 보다 아름다운(美) 것에 끌리는 것은 인지상정이다. 책은 추를 미학으로 다루고 있다. 추가 아름답다고 한 근거는 무엇인가.

A. "아름다운 것은 그 자체로 아름답다. 하지한 추한 것은 그 아름다운 것을 반추한다. 아름다움은 지속성을 띠지 않으면 더 위태로운 추함의 상태다. 아름다움은 추함을 통해 스스로 아름다움을 반추하면서 지속하고 있다. 아름다움이 지속되기 위한 미(美)의 본질적 요소에 추함이 있다면 추함이 과연 추한 것인가. 추는 미학을 이루는 골격이다. 미와 추는 하나로 작동하는 원리가 있다. 그것이 '추의 미학'이다. 미와 추를 굳이 구분하지 않는 마음은 고순도로 정제된 에너지 상태다. 추의 미학을 완성하기가 쉽지 않다는 것이다. 이를 완성해 가는 과정에 양심이란 선악이 기능하고 있다. 전혀 어울릴 것 같지 않은 추함에 양심이 얽혀 있다. 거의 대부분 드라마나 영화 등을 보면 사회의 어두운 이면이나 불법, 반칙, 무질서, 갈등, 전쟁 등의 아름답지 않은 추함의 스토리를 근간으로 하면서 인간의 양심을 울린다. 드라마틱 전개이고 극적 카타르시스다. 이를 즐겨보는 우리들의 마음을 관조하면 추가 아름다움을 반추하고 있다."

Q. 추의 미학을 이해하겠지만 추와 미를 하나로 보기 어려운 측면도 있다고 본다. 미의 본질에는 미가, 추의 본질에는 추가 우선한다고 보는데.

A. "미와 추가 하나라는 것은 운동성이 있을 때를 전제하는 개념이다. 3차원 좌표의 체(體)가 운동성이 없으면 면(面)으로 보이듯이 정적일 때와 동적인 때는 본질의 개념이 달라진다. 인간과 자연 그리고 생명의 모든 현상성은 동적이

다. 수학적으로는 3차원 공간에서 순간의 운동상태를 알아채는 편미분 · 전미분이 필요한 상황이다. 미와 추는 인간과 얽히면 반드시 운동상태가 된다. 상호 주고 받을 경우 지속성을 띠지 않으면 안 된다. 이 때 미가 미학이 되기 위해서는 스스로 거듭되는 되새김질의 뜻인 반추가 필요해진다. 그 반추의 거울이 추다. 물론 미와 추가 3차원 공간에서 동적이지 않을 때 그 둘의 본질은 분리돼 있다. 미를 떠받치는 강력한 기둥이 양심이고 추를 옹립하는 혼돈의 질서축이 비양심이다. 양심과 비양심은 정적일 때 각자의 에너지 본질을 갖는다. 하지만 움직임이 발생하면 추의 비양심은 미학의 양심을 수용하고 미의 양심은 추의 비양심을 받아들인다. 상호 비추면 본질이 역동한다. 상반된 타자의 본질이 자신의 본질로 변화하면서 그것을 통해 자신의 본질을 지켜가는 자기와의 싸움이 전개된다. 이것이 미와 추 각각의 본질보다 추의 미학 본질이 우선한다는 개념이다."

Q. 왠지 뚜렷하게 와 닿지 않는 설명이다. 현실에서 추의 미학이 성립될 수 있는 사건들이 있다면 어떤 사례들이 있나.

A. "소설이나 예술 등에서 많이 등장하는 부조리는 대표적인 추함이다. 다양한 부조리 현상을 드러내면서 인간의 비양심과 그것으로부터 촉발된 사회의 다양한 부조리를 고발한 내용들이 많다. 부조리에 대한 문제는 인류가 생존한 이후 지속돼 온 최대 이슈다. 이는 인류가 멸망하지 않는 한 부조리 문제를 근본적으로 해결하기 어렵다는 말과 같다. 인간과 부조리는 결국 하나로 역동한다. 카뮈의 부조리 스토리가 실존으로 이어진 배경이다. 인간과 자연의 세계는 부조리 상태에 있는 것이 틀리지 않다. 이에 반항하는 인간의 아름다움에

대한 동경과 추종이 미학의 존재를 지속케 하는 패러독스다. 온갖 부조리가 역동하는 시공간이 아름다움을 만들어 내는 자궁 역할을 하는데서 나아가 그 아름다움이 무엇인지 인간이 인지하고 확신할 수 있게도 해준다. 추의 미학은 신비롭다고 해야 한다."

Q. 인간 사회의 부조리 문제를 미화한다는 느낌을 받는다. 부조리 자체로 인간은 고통 속에서 산다. 고통의 연속되는 과정이 부조리에 있다면 추함의 지속 아닌가.

A. "부조리는 합리적이지 않은 것이고 모순인 상태를 통상 이야기 한다. 이는 무질서인 상황이거나 무질서가 확대되는 양상이다. 수학적 공리로 풀리지 않는 수수께끼 같은 현상이다. 이들 부조리로 인해 인간이 고통을 받는 것이 사실이다. 빈부차는 그 대표적인 부조리로 꼽힌다. 부와 부자들의 존재 자체가 부조리의 출발이라고 인식하는 사람들도 많다. 실제로 인간의 양심 속에 빈부차는 해결해야 할 부조리 문제로 옹립돼 있다. 가급적 함께 잘 사는 것이 행복의 지향점이라고 보는 견해가 일반적이다. 이 가치를 유토피아로 공유한 일단의 이상주의자들이 사유재산을 없애고 인위적인 공산 사회를 건설하려 했다. 많은 사람들이 이를 따랐던 것은 부지불식 인간의 양심 속에 빈부차는 나쁜 것으로 분류돼 있다는 점이다. 가난은 인간의 삶 중에서 가장 큰 고통을 수반하는 것이 사실이다. 이를 보면 고통을 지속하게 하는 부조리는 추함의 지속이 틀리지 않아 보인다. 하지만 틀렸다. 빈부차를 부조리로 보는 저마다의 양심들 기저에는 예외없이 비양심이 자리하고 있다. 누구나 인정하기 싫고 부정하고 싶겠지만 부조리를 심판하는 양심 속에는 비양심이 부조리를 심판하는 더 큰 부조리가 똬리를 틀고 있다."

"더러운 것을 아름답다고 하지는 못하지만 아름다운 것만으로 아름다움을 지속하기 어렵다. 인간의 본성은 미(美)를 추구하지만 추(醜)를 통해 아름다운 자신의 모습을 발견해 간다. 삶 또한 온갖 추한 현실 속에 둘러싸여 있지만 인간은 그곳에 뿌리를 내린 채 끝없이 자신의 존귀함을 피워내려 한다."

Q. 마치 동양의 성악설을 설파하고 있다는 느낌을 받는다. 인간에게 양심 자체가 없다는 설명처럼 들린다. 빈부차라는 부조리에 대한 양심적 판단이 비양심의 발로라는 것인가.

A. "길을 가다가 동냥이나 구걸을 하는 사람에게 돈이나 먹을 것을 주는 마음이 100% 양심만으로 충만한 결정이라고 단정할 수 있는지에 대한 물음을 자신에게 해보면 어떤 느낌인지 안다. 100% 양심이라고 확언할 수 있는 사람일수록 오히려 비양심일 가능성을 열어놔야 한다. 설사 온전한 양심적 행위라고 해도 도움을 받은 상대가 그 행위를 이기심이나 자기위안의 발로가 있다고 생각하면 비양심적 행위를 한 상태가 된다. 만약 그 상대적 생각이나 행위 또는 상태를 몰랐다면 그것은 더 확실한 비양심적 행위가 될 여지를 높인다. 자신보다 못한 가난한 사람에 대한 도움은 자신의 확신이나 선한 행위 자체만을 갖고 절대적 양심이라고 단정 짓지 못한다. 비양심은 이처럼 도움을 받는 상대의 무수히 다변적인 상황을 모르거나 맞추지 못할 때 자의적으로 자신의 기준을 설정하는 마음이나 행동이다. 이를 인정하기 싫거나 거부하고 싶다면 깊은 명상이 필요하다."

Q. 도움을 줄 때 양심인지 비양심인지를 묻지 않았다. 동문서답을 한 느낌이다. 빈부차를 부조리로 보는 것이 왜 양심이 아닌지를 물었는데.

A. "두 상황이 다른 상황 같지만 연결선상에 있다. 도움을 주고자 하는 행동이나 빈부차를 부조리로 보는 행위는 엄밀히 큰 틀 안에 있다. 가난한 사람에 대한 도움은 빈부차가 없으면 사라지는 일이다. 문제는 그것이 수학공식처럼 정확히 들어맞지 않는데 있다. 빈부차에 대한 문제의식을 갖고 있을수록 가난한 사람을 더 돕는 행위가 꼭 양심에 비례하지 않는다. 그 간극이 비양심이다. 빈부차에 대한 부조리 판단도 이와 다르지 않다. 일방적 기준은 의도하든 의도하지 않든 비양심을 불러들인다. 자신만의 잣대가 아닌 가난에 빠진 상대를 먼저 배려하는 행동이 우선이거나 함께 해야 한다. 그 배려는 겸양이나 태도가 아니다. 상대의 상태에 눈높이를 맞추려는 지난한 노력이다. 지난하다는 표현은 그런 상태가 무수히 다양하고 많은 노력이 지속돼야 하기 때문이다. 빈부차를 부조리로 간주할 때 가난의 기준 자체가 수없이 모호할 뿐만 아니라 그렇게 가난한 사람들의 수없이 다양한 상태를 막연히 하나로 묶어 동정이나 겸양한 태도를 갖는 것 자체가 비양심의 발로일 가능성을 늘 열어놔야 한다. 빈부차는 부조리이기는 하지만 무한히 존재하고 무한히 변화하는 입장차들 때문에 100% 양심의 발로가 불가능한 부조리다. 이 부조리가 추의 미학으로 부를 만들어 내는 본질이 돼 주고 있다."

Q. 가난의 기준이 절대적인 것은 없는 것 같다. 따라서 절대적 양심 또한 어렵다는 생각이 든다. 그렇다고 빈부차의 부조리를 해결하지 않고 그것이 오히려 부의 본질이라는 것은 아닌 것 같은데.

A. "인간 사회에서 모든 사람들의 빈부차를 해결할 수 있는지 자문해 보면 안다. 불가능한 일이다. 빈부차를 줄일 수는 있어도 완벽한 평등은 꿈이다. 그런데 빈부차를 줄이더라도 개인들이 그것을 받아들이지 않으면 줄어든 것이 아

"우리의 삶에는 고난과 고통으로 점철된 갈등, 미움, 전쟁 등의 추함이 가득하지만 그것이 존귀한 인간의 꽃으로 피어난다. 진흙탕 속에서 피는 연꽃처럼 어두움 속에서도 치열하게 추함을 포용할 때 아름다움을 피워낼 수 있다."

니다. 상대적 빈부차다. 빈부차가 적은 선진국들도 이런 현상들이 즐비하게 일어난다. 빈부차를 부조리로 척결해야 한다는 것은 결국 이상적이다. 오히려 그 노력을 하는 과정에서 일어나는 비양심들이 양심과 혼재되면서 무질서를 확대한다. 문명이 고도화 될수록 빈부차와 그에 따른 혼돈이 심화되는 배경이다. 하지만 비양심의 질서가 확대될수록 문명이 발전하는 추의 미학 사건이 전개된다. 경쟁, 차별, 갈등, 싸움, 전쟁 등이 양심이란 간판을 걸고 비양심으로 일어난다. 이 사슬을 절대 벗어날 수 없는 이유에는 한결같이 외견상으로는 양심을 내걸고 있어서다. 양심이 네트워크이고 부를 이루는 기반이 맞다. 그것이 동시에 약육강식의 먹이사슬을 만든다. 이런 불완전한 네트워크가 임계의 법칙에 따라 돈과 부를 만들어 낸다. 임계선이 높아질수록 비양심은 책임 있는 양심으로 발전해 간다."

Q. 부의 본질이 어쨌든 추함을 근간으로 한다면 그렇게 탄생된 돈이나 부는 이유 불문하고 추하다고 본다. 이를 미학이라고 증거할 만 이유는

A. "우리가 사는 우주가 중력에 의한 인력으로 팽창을 접고 이른바 빅크런치(대붕괴)로 향하지 않는 배경에는 보이지 않는 에너지 질서가 강력히 있기 때문이다. 가령 우리 우주에 한해 인간이 지금까지 놀라운 과학의 힘으로 발견한 눈에 보이는 물질은 0.4%에 지나지 않는다. 가스나 성간물질 등을 감안해도 4%다. 나머지는 미지의 상태로 남아 있는 암흑물질과 암흑에너지다. 96%에 달하는 이들 미지의 물질과 에너지가 현재의 임계밀도를 유지해야만 한다. 이 원리에 따라 약 72%를 차지하는 암흑 에너지가 질서자로 간주된다. 그런데 지금 지속하고 있는 가속팽창은 무질서의 확대다. 이 무질서를 도와주는 보이지 않는 초정밀 암흑 에너지가 인간과 자연 그리고 생명의 위대한 질서를 잉태하고 있으니 놀라운 역설이다. 이처럼 무질서는 추함의 상징적 사건이고 그에 따른 질서는 그래서 미학이다. 돈이나 부자도 추의 무질서 속에서 탄생한다. 질서 있는 평등상태에서는 사라지기만 한다. 무질서의 돈과 부가 인간과 자연 그리고 생명의 본성과 다르지 않다. 만물의 질서와 돈의 질서는 추의 미학으로 연결돼 있다."

Q. 돈과 인간의 질서가 추한 가운데 일어나는 미학의 질서라면 돈을 버는 것이 왜 아름다운 것인지 보다 본질적인 설명을 해 주었으면 하는데.

A. "네트워크형 부를 일군 부자들의 공통점은 부의 본질을 이해하고 따른 경우가 많다. 절대 돈만을 쫓거나 돈을 원망 또는 두려워하지 않는 경우가 대부

분이다. 그래서 돈을 추하다고 보지 않는 성향 역시 같다. 돈을 더럽게 여기거나 분풀이 하듯 대하는 사람들 또한 부를 일군 경우는 거의 없다. 오히려 돈을 통해 선의가 행해진다는 믿음을 갖는 자세가 매우 중요하다. 실제로 분산을 통한 소유방식이 함께 잘 사는 범위를 넓힌다. 부의 바퀴를 크게 굴리는 방식에 부조리 문제를 해결하는 방점이 연결돼 있다. 따라서 빈부차 자체를 부조리로만 정의하면 빈부차를 더 해결하기 어려운 문제가 생긴다. 부조리의 고통이 연속된다고 해서 추함의 지속이라고 봐서는 안 된다. 추의 본질을 아는 것은 자신 속에 내재한 미의 본질을 실천하는 과정이다."

(12) 부의 본질 2 – 행복한 신작로

Q. 행복의 원리를 책에서는 마치 삶의 투쟁으로 설명하고 있다. 행복이 편안함과 안락함이 아닌 치열한 삶의 과정으로 점철돼 있다면 그것이 행복하라고 할 조건이 되나.

A. "행복은 정의하기 힘들다. 행복의 조건은 수없이 다양하고 변화하며 진화도 한다. 하지만 일관되게 변하지 않는 것이 있다. 그것이 인간의 삶에 부단히 영향을 주고 있는 지배적 위치에 있다면 근본적으로 추구해야 할 행복의 잣대가 될 수 있다. 행복을 고민하는 삶, 그 자체가 불변하는 행복의 조건이다. 삶은 보석과도 같이 희소가치가 있다. 인간이 태어나 살아 숨 쉬고 생명활동을 하는 삶 자체는 희소가치를 매개로 행복과 떼려야 뗄 수 없는 관계에 있다. 삶 속에는 초정밀의 작동 원리와 극적 조화를 통한 생명의 희소가치가 상상할 수 없는 크기로 함축돼 있다. 이 희소가치는 인간에게 자존감의 근원 자리다. 70억 개개인 모두에게 하나같이 신기에 가까운 존엄한 가치가 부여돼 있어 누구나 행복을 느낄 수 있다. 인간이 삶(생명)을 유지할 확률을 우주적 관점으로

보면 과학적으로 계산해도 '거의 없다'에 가깝기 때문이다. 죽음이 온통 확정적으로 지배하는 최악의 조건들을 이겨내고 있는 삶은 은총이다. 삶이 아무리 고통으로 점철된다고 해도 삶 자체가 행복이라는 사실은 생명의 질서로 보면 진실이다."

Q. 희소가치가 존귀함의 바로미터가 되는 만큼 행복의 조건이라는 것을 이해하지만 인간의 삶이 어떤 과학적 근거로 희소가치가 있는지.

A. "인류는 마치 백척간두 벼랑 끝의 자그마한 바위 위에 서 있는 모습이다. 누구나 천길 낭떠러지의 아슬아슬한 집에서 사는 것과 다르지 않다. 거시적으로 집(지구) 밖은 온통 죽음 밖에 없다. 미시적으로도 에너지 공장 미토콘드리아가 숙주 삼은 집(인간) 밖은 역시 죽음이다. 박테리아의 정교한 힘에 의존해 사는 인류의 삶은 동시에 지구라는 지상천국의 보금자리에 있다. 인류의 집 지구와 생명의 집 인간은 각각 상상하기 힘든 기막힌 복잡계의 원리들로 둘러쌓여 있다. 거시적 집 주소는 '다중우주〉우리우주〉은하단〉우리은하〉태양계〉지구〉자연〉생명〉동물〉인간'이다. 인류가 영장류 지위로 삶을 유지하고 있는 환경이 조성된 이 주소가 탄생될 확률은 수학적 계산으로 0에 가깝다. 확률적으로 없음(무)이라고 해도 무리가 아니다. 미시적 집 주소는 '끈(에너지)〉쿼크〉양성자·중성자〉전자〉원자〉분자〉세포〉기관〉신체〉인간'이다. 이 주소가 유지될 확률도 역시 거의 없음의 확률이다. 우리 모두의 삶은 초정밀의 원리가 작동하는 자궁에서 숨을 쉬고 있으니 그 자체로 행복하다고 하지 않는 것이 오히려 이상하다."

"인간이 거시 우주적 관점에서 지구라는 행성을 집으로 삼아 삶을 유지할 확률은 거의 제로에 가깝다. 또 미시적 관점에서도 생명의 탄생과 작동원리를 보면 그 확률이 마찬가지다. 온통 죽음뿐인 거시·미시의 극적 임계상황에서 생명을 유지하는 것은 필연적으로 고통을 수반하는 일지만 그것이 곧 축복이고 행복의 근원이다."

Q. 인간은 존재확률이 거의 없으니 존재감에서 행복이 온다는 것이지만 고통과 고난이 닥치는 매 순간 상황에서는 삶이 행복이라고 느껴지지 않는데.

A. "삶이 힘든 이유는 평생 극도의 임계선상에 있기 때문이다. 그 자체가 행복이지만 삶 자체가 고통스러운 이유이기도 하다. 온갖 번뇌가 끊이지 않고 수없는 난관들이 수시로 닥친다. 때로는 삶을 포기하고 싶을 만큼 힘든 일들이 닥친다. 도무지 행복을 찾기가 힘들다. 하지만 앞서 이야기한 미시와 거시의 집 주소를 상기해 보면 복잡계 원리상 천혜의 보금자리가 고통의 산물이다. 원리를 이행하는 것 자체가 힘든 가속운동이다. 정밀한 원리들이 단 한순간도 이상 없이 작동하는 과정일수록 더 많은 힘이 들어야 한다. 고통은 삶을 유지시키는 동인(動因)이라는 것이다. 고통이란 에너지를 먹으면서 힘든 삶이 유지된다. 고통이 없는 삶은 죽음이다. 죽음을 행복으로 여기지 않는다면 고통을 행복으로 받아들일 여유를 갖는다. 행복이라고 느끼기 어려운 난관이 닥쳤을 때도 객관적 삶의 조건은 무조건 행복이라는 점이다. 이를 수렴하는 의식은 거대한 집 주소와 극미의 집 주소를 확연히 찾아내는 일이다. 자신의 집 주소를 찾아 들어가면 그 어떤 고통도 삶에 도움을 주는 과정이라는 것을 느낀다. 이 행복감이 부의 본질로 작동하고 있다."

Q. 고통을 마주 대하는 의식이 행복의 조건이라는 것이지만 그것이 쉬운 일은 아니라

고 본다. 어떻게 해야 의식적인 행복을 유지할 수 있나.

A. "방식이 많지만 대부분 사람들이 이를 보지 않고 찾지 않으려 하는 경향성을 띤다. 상황마다 '고통의 수렴방식'(행복)들이 즐비하다. 그 중에서도 변하지 않는 행복한 신작로가 있다. 자신의 삶 자체를 자신의 안에 가두지 않는 방식이다. 누구나 부지불식 삶을 자신의 든든한 철창에 가둔다. 거시와 미시의 임계선상에서 움직이는 삶의 법칙을 보지 못하는 눈이 그것이다. 삶이 본래 존재하기 힘든 확률이라는 것을 확신하면 삶을 자신의 독방에 가두지 않는다. 삶을 가두면 행복도 갇힌다. 따라서 삶을 수시로 꺼내는 일은 행복을 찾는 과정이다. 삶이 자신만의 독방에서 탈출할 때 희열을 느낀다. 생명의 희소가치와 그것을 유지하기 위한 정밀한 작동이 눈에 보인다. 철창의 정체는 요행, 공짜, 게으름, 나태, 이기심, 오만, 에고 등이다. 이 철창에서는 불운까지 부른다. 이를 벗어나면 고통이 따르지만 강력한 의식이 살아 꿈틀대는 행복감을 느낀다. 살아야 할 이유를 알게 되고 행복의 원천인 타자들과의 관계망이 넓어진다. 가족, 사회, 국가 그리고 인류가 점점 크게 보일수록 행복 에너지가 강해진다. 의식의 힘은 이를 가능하게 한다. 그것이 큰 네트워크를 만들고 부가가치를 창조한다."

Q. 많은 사람들에 도움이 되는 이타적인 삶이 돈도 벌고 행복하다는 이야기로 들린다. 그렇다면 자기자신을 위한 삶은 행복하지 않다는 뜻인가.

A. "행복하지 않은 것이 아니라 살아야 할 이유를 모르거나 잊게 된다. 순간적인 만족감이 행복이라고 할 수 없다. 보다 근원적인 삶의 자존감을 찾는데서 변할 수 없는 행복감이 있다. 행복이 일관되게 자신의 삶을 에워싸게 하려면

자신과 같은 위치의 임계선상에 있는 타자들을 보고 함께 해야 한다. 그 범위
가 넓을수록 행복의 가치가 더 커지고 자신의 행복 에너지도 함께 커진다. 수
많은 철학자, 수학자, 물리학자, 천문학자, 화학자, 예술가 등이 인류의 보편
적 존재가치를 추구하는 기저에는 행복에 대한 원천적인 확산 욕구가 있다. 그
들은 인간의 삶에 대해 심오한 가치를 찾는다. 이 원리가 인간의 삶과 행복에
기여해 왔다. 부를 일구고 문명의 꽃을 피우는 근원이 되기도 했다. 삶의 근원
을 찾는 고통스러운 방황이지만 행복한 신작로를 닦는 일이다. 이 일이 행복하
지 않다고 생각한다면 스스로 만든 불행한 환경에 빠져 있다고 봐야 한다. 이
때 가난을 동반한다."

Q. 인류가 추구해 온 인간의 근원을 찾는 과정이 행복이라고 해도 그리고 찾았다고 해
   도 고된 현실은 피할 수 없다는 것 아닌가.

A. "0의 발견은 위대한 인류의 업적이라고 했다. 0은 없는 것이 아니라 기준
점이라고 했다. 유한을 가능하게 했지만 무한도 가능하게 한 신의 한 수(數)였
다. 신의 한수(神의 一手)라는 개념과 크게 다르지 않지만 0이 자연의 본질을
표현해 주는 숫자라는 것이 중요하다. 없음이지만 있음을 가능하게 하고 있음
이지만 없는 존재가 0이다. 이 수를 통해 인류는 보이지 않는 자연의 미시 현
미경과 거시 망원경을 동시에 갖게 됐다. 아원자의 양자역학 원리에서부터 수
십억 광년 떨어진 천체의 원리도 수리를 통해 드러났다. 0의 좌표가 있어 가능
해진 수리체계의 비밀은 자연의 정밀한 작동원리였다. 인간의 오감에 드러나
지 않는 세상은 단 한시도 쉬지 않은 채 고통스러운 일을 하고 있었다는 것이
다. 절대 피할 수 없는 고통을 피하는 것이 곧 죽음 뿐이라는 것도 0의 원리에

서 역동했다. 고통이나 죽음 모두 유한성을 결정짓고 무한성을 보게 한 0의 좌표에 있지만 죽음은 행복과 동행하지 않는다. 고통을 피할 수 없는 현실이라는 표현 자체가 틀렸다. 고통은 피하거나 피할 수 있는 것이 아니라 반드시 끌어안고 품어야 할 동반자다."

Q. 힘들이지 않고 행복의 큰 길을 가는 방법은 없는 것인가.

A. "고통에 대한 의식을 바꾸지 않는 한 행복은 없다. 우리 우주가 탄생할 때 나온 우주배경복사(宇宙背景輻射)는 수많은 은하단은 물론 우리은하를 만드는 모태 역할을 했다. 10만분의 1이라는 극미의 밀도차이가 아름다운 은하들의 아기집이 됐다. 이 밀도차가 행복의 근원이다. 우주(宇宙)의 탄생에서부터 시작된 정교한 집(宇) 주소가 정밀한 시간의 집(宙) 주소와 씨줄 날줄처럼 얽혔다. 인간이 특정 시공간에서 현재 단면으로 함께 살고 있는 사람들은 곧 행복의 근원 대상이다. 미움과 갈등 또는 싸움과 전쟁 등 단 한시도 고통이 끊이지 않는 원인을 제공하는 타자들이 동시에 필연적인 행복의 대상들이다. 의식을 바꾸면 고통은 반드시 행복이 된다. 고통의 대상이 행복의 대상이 되기는 어렵지 않다. 힘 들이지 않고 행복의 길을 갈 수 있다. 극미의 밀도차가 우리 모두의 집 주소를 만들어 냈듯이 극미의 생각차이가 고통의 집을 행복의 집으로 바꾼다."

Q. 의식의 상태를 바꾸라는 것은 일종의 믿음으로 들린다. 과학적 근거를 논하고 있지만 마치 종교적인 수사(修辭)를 과학이라고 할 것인가.

A. "종교를 무조건 비과학적이라고 단정하면 안 된다. 과학은 큰 발전을 했다고 해도 여전히 만물의 원리 중 지극히 일부만을 파악했을 뿐이다. 지금까지

"요행을 바라거나 게으르고 안락함만을 추구한다면 고귀한 자신의 생명을 철창에 스스로 가두는 행위다. 그 철창 밖으로 나오면 힘든 일이 닥치는 고통의 연속이지만 행복의 원천인 가족부터 크게는 사회와 국가 그리고 인류가 보이기 시작한다. 그것이 모두에게 유익한 부를 만들어 낸다."

쌓은 현대과학을 모두 쌓아도 만물의 원리로 보면 '모른다'에 가깝다. 많은 과학자들은 실제로 그렇게 이야기 하고 있다. 다만 '전혀 모른다'가 아니라 '무엇을 모르는지 모르는 것을 아는 범위가 넓어졌다'는 입장이다. 알면 알수록 모르는 것이 많아지니 '모른다'의 의미는 결국 과학과 비과학을 넘나든다. 그 중심에 의식이 있다. 이 의식은 과학으로 에너지이고 가속운동이다. 의식은 모름을 아는 범위에 있기에 모름과 앎의 관계가 전자기파처럼 상호 교란을 한다. 모를수록 더 알려하고, 알면 알수록 모르는 것이 많아지면서 또 알려고 앞으로 나아가는 방식이다. 실제로 인류의 지적 호기심과 탐구정신은 이런 교란성을 띠었다. 이 의식의 운동성이 인류의 실존을 말해준다. 잠재의식도 표면의식과 교란하면서 실존을 확인해 준다. 그래서 고통의 근원인 잠재의식을 바꾸면 행복의 문이 열린다. 무의식인 잠재의식은 비과학인 듯 하지만 수없이 많은 과학의 도구들이 동원돼 팩트임을 증거해 냈다."

Q. 행복을 찾는 것이 길이 의식하는 것 뿐이라고 하니 행복하고 싶지 않은 생각도 든다. 부의 본질이 결국 의식의 산고(産苦)로 봐도 되는지.

A. "인간의 오감을 통해 뇌로 들어가는 정보의 총량은 1초당 1100만건에 달하지만 뇌가 그것을 처리하는 용량은 40건 정도에 불과하다. 나머지 정보는 사라지지 않는다. 잠재의식의 정체는 아직 밝혀야 할 것들이 많지만 인간의 육감, 통찰, 직관, 공명 등의 현상은 현실에서 의심할 바 없이 늘상 겪는 일이다. 더욱이 인간만의 특권이라는 창조 또한 의식의 힘이다. 표면의식이 일종의 디스플레이라면 잠재의식은 데이터베이스다. 그 DB는 에너지 얽힘을 통해 다른 생명과 물질로 초연결 돼 있다. 빈 공간조차 힘과 물질이 상호작용하면서 얽혀 있다. 인간의 의식은 잠재의식을 넘어 마치 글로벌 인터넷 망처럼 사람과 사물 그리고 시공간과 얽혀 무한 항해를 하며 정보를 꺼내 쓸 수 있는 환경에 있을 가능성을 제기하는 과학자들이 많다. 노벨상을 받은 과학자들이 이런 원리의 홀로그램 우주론을 주장했다. 무한히 엮여있는 얽힘의 생명원리는 혼자가 아니기에 행복이다. 산고는 고통이지만 반드시 행복을 추구할 수 있는 삶을 만들어 준다. 이 의식의 본령이 부를 만들어 주는 에너지다. 만해도 '자유가 만유의 행복이다'고 했다."

(13) 부의 본질 3 - 현실의 문

Q. 책은 현재라는 관점을 거의 절대화 시키고 있다. 과거와 미래는 없는 것으로 묘사되고 있기까지 하다. 시간이 없다면 시간이 있어야 할 현실이라는 개념은 무엇인가.

A. "우리는 전후좌우 그리고 높이의 3차원 공간 좌표만으로 살지 못한다. 이는 죽은 상태다. 운동(가속)하지 않는 자연이나 생명은 없기 때문이다. 운동은 움직임이고 그 운동이 시간의 개념이다. 시간도 공간처럼 하나의 차원이다. 시간차원이 가미되면 비로소 우리는 늘 치열하게 마주하고 사는 일상의 현실과 마주한다. 이를 보면 시간은 존재한다. 시간이 존재한다면 현재 뿐만 아니라 과거와 미래가 존재하는 듯 보인다. 그런데 시간차원도 3차원 공간차원 에너지(또는 물질) 형태와 다르지 않다. 빅뱅 이후 단방향으로만 흐르는 열역학 제2법칙에 따라 시간의 흐름이 정해져 있다. 이 에너지는 또 연속이 아닌 불연속이다. 이를 양자화라고 한다. 단방향으로만 흐르는 에너지는 특정하게 정해진 상태의 지속이다. 과거의 상태도 현재이고 미래의 상태도 현재이기 때문에 현재뿐인 상태라면 과거와 미래가 존재하는 시간은 없는 상태가 된다. 영화가 연속인 것 같지만 불연속적인 장면(현실)들의 이어짐인 것처럼 현실은 특정한 시간에 마주한 매순간의 현재뿐인 상태의 지속이다."

Q. 특정한 상태의 지속이라는 의미가 알듯 모를 듯하다. 이 상태가 지속된다면 그 상태의 과거가 존재하고 과거가 있으면 미래도 있는 것 같은데.

A. "과거와 미래가 존재하기 위해서는 하나의 특정 '현재 단면'에 묶인 사건이나 존재상태들이 또 다른 현재단면들과의 과거 또는 미래로 전혀 섞이거나 겹치지

않아야 한다. 하지만 아인슈타인의 일반상대성이론에 따라 시공간은 물질 또는 에너지의 움직임이나 방향에 따라 휘어지고 뒤틀린다. 그것이 뉴턴조차 무지했던 중력의 실체였다. 이 때문에 A라는 현재단면의 사건들이 B, C, D 등 무한히 많은 다른 현재단면들과의 과거 또는 미래와 섞일 수 있다면 A의 현재는 A만의 현재라고 규정하지 못한다. 결국 과거·현재가 있는 시간은 없는 상태가 된다. 물론 시간의 느려짐이나 빨라짐에 따라 상대적 시간차이는 가능하지만 자신의 과거나 미래로 이동해 함께하지 못한다. 상대적인 시간차는 시공간의 왜곡이나 변형일 뿐 시간의 존재유무와는 다른 문제다. 물리적으로 운동성에 따라 시간이 존재하지만 자신이 속한 과거와 미래를 오가는 시간은 존재하지 못한다. 특정 개인은 특정 현실만을 마주한다."

Q. 우리가 일상생활에서 시간을 활용하고 있는 것을 보면 과거와 현재가 충분히 가능하다는 생각을 하게 한다. 그렇다면 일상생활의 시간이란 정체는 무엇인지.

A. "에너지가 단방향으로 흐르면서 우리가 그것을 활용한 것이 일상의 시간 개념이다. 에너지의 흐름(운동성)을 인류가 약속한 법칙으로 편리하게 도구화 시킨 것이 시계다. 모든 운동하는 물체나 생명들은 3차원 공간에 시간차원이 있어야 부가가치 효율을 높일 수 있다. 가령 A지점에서 B지점으로 이동하는데 시간이 없다면 무한히 많은 길 중에서 가장 효율이 높은 길을 찾지 못한다. 가장 비효율적인 길을 가는 것이 당연하다고 생각할 수도 있다. 심지어 10미터를 돌아돌아 열흘이 걸려도 효율을 모른다. 시간이 가미되면 효율을 계산하는 것이 가능해진다. 최적의 현실이라는 길을 선택한다는 것이다. 우리가 일상에서 접하는 시계는 그 효율을 결정하게 해주는 절묘한 도구다. 버스·기차·비행기 등의 교통수단은 대표적인 사례다. 일상의 약속도 시간이 없으면

아무도 만나지 못한다. 일상의 시간이 운동의 연속이고 그 운동은 자연이든 생명이든 부가가치를 내지 않으면 존속하기 어렵다. 시간은 그 속에서 부의 본질이 됐다. 그럼에도 시간은 에너지의 단절적 흐름이고 그 흐름이 효율의 도구로 사용될 뿐 과거·미래가 현재와 공존하는 개념은 아니다."

Q. 영화나 애니메이션처럼 현재라는 매 순간의 이어짐이라는 시간이 부의 본질에 어떤 방식으로 기여해 왔는지.

A. "인류는 일정하게 움직이는 지구 또는 달의 자전과 공전 등을 활용해 달력을 만들고 시간도 만들어 사용해 왔다. 지금은 1초에 1억번을 진동하는 원자시계를 통해 1억분의 1초도 틀리지 않는 정밀한 약속의 틀(시계)들이 전 세계적으로 사용되고 있다. 컴퓨터, 스마트폰 등에 모두 원자시계의 정밀성이 들어가 있다. 이 정밀한 약속의 틀(운동성)이 노동, 생산, 물류, 서비스 등 인류가 생활하는 모든 면에서 거대한 문명의 거탑을 쌓을 수 있도록 한 주춧돌이 돼 주었다. 일상의 시간은 이처럼 특정한 3차원 좌표의 매 순간 현실에 있는 사람들이 상호 약속한 흐름의 순간순간들이 같도록 한 인류 전체의 치밀한 약속 틀이다. 과거와 현재가 없는 매 순간 시간의 흐름만으로 문명의 주춧돌인 효율을 결정할 수 있다."

> "인류가 지구의 자전이나 공전 그리고 원자의 움직임 등 자연의 반복적 운동성을 이용해 만든 시간(약속의 틀)이 비록 허구이지만 효율을 높이는 부가가치의 원천이 됐다. 이런 시간이 치열한 현재만을 드러내는 특정 상태의 지속성을 통해 자연과 생명으로 하여금 부(富)를 창출하도록 했다."

Q. 인간은 시계와 시간을 굳이 구분하지 않으면서 자신의 미래를 꿈꾼다. 미래는 희망
  이라는 이름으로 인간의 또 다른 본질성 때문에라도 존재해야 하는 것 아닌가.

A. "꿈과 희망 그리고 도전과 창조 등은 모두 미래와 관련된 말들이 맞다. 인
간이 가축이나 동물과 다른 점은 현재에 안주하지 않는데 있다. 끊임없이 탐
구하고 완성해 나가려는 속성이 모든 사람들에게 내재돼 있다. 미래는 결국
삶의 원동력이다. 그런데 이 미래가 언젠가 현실이 될 것이라는 확신이 없다
면 노력한 목표들은 아무리 쫓아도 잡을 수 없는 신기루가 될 뿐이다. 미래는
곧 현실이다. 지금의 현실을 바꾸기 위해 쫓는 것이 미래라는 이름으로 불린
다. 부지불식 우리는 미래가 미래로만 존재하는 개념이 아닌 것을 받아들이고
있다. 물질이나 에너지의 운동성 때문에(시공간의 변형) 단 두 사람 간에도 현
재단면이 무수히 변형하고 바뀐다. 그것이 수천명만 돼도 상상할 수 없는 무
한 경우의 수(현실)가 나온다. 그 확률현상이 매시매초 정해지는 것이 삶의 현
실이다. 현재밖에 없는 시간이지만 무수히 달라질 수 있는 확률적 환경이 일
상에 존재하는 현재시간이다. 그 확률성을 우리는 모르기에 미래라고 착각할
뿐이다. 그 착시효과 때문에 역설적으로 인류는 갈등과 다툼 속에서도 큰 부
를 쌓고 문명도 만들어 냈다. 이 착시는 우리 스스로 알면서도 지속되는 희망
(미래)으로 남아 인류의 진보적 행동을 끌어갈 것이다. 허구의 시간이지만 생
명의 동력이다."

Q. 미래가 착시라면 과거 또한 기억의 잔상이란 논리로 역시 착시라고 했다. 기억이 어
  떤 의미에서 과거의 착시를 만드는가.

A. "책의 본문에서 큰 부자의 조건을 제시했다. 그 조건은 기억이란 자기마술에 빠지면 안 된다는 것이었다. 기억을 강하게 가지면 가질수록 과거라는 시간의 존재를 확신하고 각인하게 된다. 이들에게 부와 부자는 과거형의 존재로 간주된다. 과거의 부와 부자를 많이 쌓을수록 그리고 쌓을 욕심을 갖을수록 자신이 처한 매 순간 현실의 비중이 작아져 간다. 이때 게으름, 나태, 오만, 불만, 편견 등의 부정적 현상들이 일어나고 그 결과 자기만의 에고 울타리를 키운다. 이는 부의 방해요소이면서 부자를 가난에 떨어뜨리는 요인이 된다. 기억이 소유를 만들고 소유욕을 강화시키면 '현실의 네트워크형 삶'(부의 운동성)을 약화시킨다. 기억은 매시매초 현실일 뿐이고 그 기억의 총합이 또한 현실이다. 이 기억의 편린들 총합이 부를 네트워크에 분산해 순환하는 방식으로 강한 에너지를 일으킨다. 큰 부자들은 대부분 이런 조건을 갖추고 있다."

Q. 기억이 현재뿐인 현실이라면 기억이란 말조차 의미가 없다고 보는데.

A. "본문에서 기억의 잔상이 소유욕을 키운다고 했다. 반면 현재에 함몰된 무수한 현실의 반복 개념이 무소유이지만 이것이 무한 가치를 창조해 부를 일구게 한다고 했다. 현실에 충실한 끝없는 무소유가 결국 부를 창출하는 근원 역할을 해주는 이율배반의 진리가 통한다. 기억이란 말조차 의미가 없는 것이 아니다. 기억의 편린들 총합이 현실이라고 한 것은 기억의 중요성을 부각시킨 말이다. 매 순간 열심히 도전적으로 현실을 살아간 수많은 기억의 편린들이 잠재의식에 쌓인다. 이 습관의 반복이 희망이고 또한 미래로 불리지만 역시 현실이다. 겹겹이 쌓인 이런 현실의 문을 들어가기가 쉽지 않다. 눈앞에 보이는 돈(화폐), 부동산, 은행계좌, 보석 등이 너무 호화롭기 때문이다. 이는 현실의 문을 열지 않을 때 허상으로 작동한다. 현실의 문을 열고 들어가면 허상은 사라

지고 수많은 난관들이 보인다. 그 속에 부가 숨어 있다. 돈은 보여지는 시각의 차이(화폐)가 아니고 인간과 인간 사이(間)에서 무소유의 개념인 사이 에너지 형태로 존재한다."

Q. 현재뿐인 현실이 우리와 늘 마주하고 있는 것이 진실이라고 전제한다면 그것이 부의 본질인 배경이라는 근거들은 무엇이 있는가.

A. "허구의 시공간 개념을 에너지 얼개편에서 다뤘다. 시간의 지배를 받지 않는 초공간 속에서 부 에너지가 역동한다고 했다. 이는 상념으로 가득한 에고를 깨고 무한 데이터베이스를 갖고 있는 잠재의식을 만나는 일이다. 잠재의식에서 꺼내 쓸 수 있는 정보는 마치 빅데이터처럼 무한에 가깝다. 인과율이 사라지는 초공간 속에서 현실로만 잠재되거나 축적된 막대한 데이터들이 무한 경우의 수로 조합을 이뤄내며 전혀 새로운 창조를 일궈낸다. 직업적 아레테(Arete, 탁월성) 정신과 선행 의지가 선제적인 방점을 찍게 된다. 이것이 부의 본질로 기능한다. 과거와 미래를 없애는 허구시간의 탈출인 초시간에서도 마찬가지다. 인간의 인위적 시간에 억매이지 않는 결연하고 초연한 자기만의 시간을 가졌을 때 최고의 지행합일 선행인 장인(匠人)정신이 드러난다. 생사와 유무를 초월한 음양의 조화가 일어나면서 부의 본질이 작동한다."

Q. 허구의 시공간 개념을 알기가 쉽지 않다. 초시간·초공간이 실존하는지도 솔직히 의문이다. 진실의 시공간 개념은 무엇인가.

A. "인간이 3차원 공간과 시간차원이 얽힌 4차원 시공간에서 살고 있다는 것은 일종의 표상적인 에너지 흐름이다. 많은 엘리트 과학자들이 우리가 사는 현

"시간의 흐름이 과거·미래를 존재하는 것으로 착시케 하면서 과거에 묻힌 채 게으르고 오만하거나 미래에 경도돼 뜬구름 같은 삶을 사는 사람들이 있다. 현실의 문은 과거·미래가 아닌 강력한 현재성만으로 치열하게 매시매초를 사는 사람들이기에 고난 속 결핍의 행복을 느끼게 된다."

실(우주)에 대해 실제로 실존하지 않는 홀로그램 우주론을 주장하고 있다. 빅뱅 초기 우주의 4대 힘인 강력, 핵력, 전자기력, 중력 등이 하나로 뭉쳐 있었듯이 시공간도 구분되지 않거나 존재하지 않았다. 허구의 시간을 탈출하면 공간이 사라진 초시간이, 허구의 공간을 탈출하면 시간이 사라진 초공간이 각각 드러난다. 초시간은 시간의 과거·현재·미래가 같은 균질성을, 초공간은 전후좌우가 같은 등방성을 각각 보인다. 초공간·초시간 또한 분리돼 있으면서 분리되지 않은 이중성을 띤다. 한마디로 5~7차원 또는 환극·태극·무극의 고차원이다. 이를 과학적으로 검증해 내지는 못했다. 하지만 시간차원까지 4차원 인지능력만 있는 인간은 그 밖의 고차원 세계를 이해할 수도 없고 받아들일 수도 없다. 물리적·공리적·수학적으로 맞지 않기 때문이다. 전혀 다른 수학·물리학·기하학 등이 동원돼야 하지만 인류는 그 눈을 아직 갖지 못했다. 진실의 시공간 개념을 과학적으로 설명하라고 하면 '모른다'이지만 수많은 인류의 경험데이터나 영적 경험 등을 종합해 보면 '존재한다'로 규정하지 않을 수 없다."

Q. 우리가 현실로 마주하고 있는 현실을 완전히 부정하기는 어렵다고 본다. 현실도 이 율배반의 조화인 사건의 섭리를 따르는 것인가.

A. "사건의 섭리는 인간의 오감 인식과 의식능력으로 아직 공리화 하기 어려운 현상들로 즐비하다. 모순을 합리적이라고 받아들이기 어렵다는 것이다. 하지만 인류는 만물의 씨앗 역할을 하는 양자세계의 이중성(모순)을 수천 년간의 논란 속에 수학적·실험적인 과정을 거쳐 수용했다. 에너지 원천인 빛과 전자의 입자성과 파동성은 정말 신비롭다. 물질도 입자가 아닌 파동 개념 역시 놀랍다. 이는 검증절차를 거쳤다. 말도 안 되는 모순인 사건의 섭리였다. 에너지가 이들 모순조차 수렴해 모든 것을 지배한다. 그 에너지로 꽉 찬 시공간은 인간을 비롯한 자연과 생명 등 모든 만물을 만들어 낸다. 빛은 이들 생명들이 유지될 수 있도록 무한 에너지원을 준다. 매 순간 무수히 마주하고 있는 현실도 밝혀진 물리법칙만을 따르지 않는다. 오히려 가능하지 않을 법한 원리들이 연구와 검증을 거쳐 새로운 물리법칙이 되는 것을 반복하고 있다."

Q. 모순된 원리들이 자연의 섭리라고 한다면 그것은 단어 뜻 그대로 '스스로 작동하

는 원리'라는 의미를 반추하게 한다. 우리의 현실도 그렇다는 뜻인가.

A. "현실도 수많은 이율배반의 정의를 품고 있다. 이율배반은 선악이나 시비의 문제가 아니라 만물의 원리일 뿐이다. 그것이 부를 일궈내는 토양이 돼 주고 있다. 자유시장으로 불리는 인간의 자연 속에는 말도 안 되는 듯한 사건의 섭리들이 넘친다. 따라서 지나치게 도덕률을 앞세우면 오히려 허위일 가능성이 높은 배경이다. 이념은 그 상징이다. 이데올로기는 오히려 인간의 폭력성과 악마성을 부른다. 이념에 경도되지 않고 모순의 극적 조화를 받아들이는 것이 부지불식 모두의 자기조절 능력을 키워 현실을 올바르고 지혜롭게 그리고 풍요롭고 행복하게 사는 길을 만든다. 사실적·객관적·경험적 특성인 이같은 현실은 모순이 없으면 스스로 자기정화를 지속하지 못하면서 기준도 정립하지 못하는 문제를 발생시킨다. 현실이 고난을 통해 지혜를 주는 배경이다. 수많은 이들 현실의 지혜가 매순간 부를 만드는 원천이 되고 있다."

(14) 부의 본질 4 - 가난한 장인(匠人)

Q. 책을 보면 일에 대한 소중한 가치의 중심에 장인(匠人)이 항상 자리하고 있다. 일반적인 장인정신의 의미를 알고 있지만 장인이 가난하다는 것은 무슨 뜻인가.

A. "가난한 장인이라고 한 것은 에너지 원리이자 사건의 섭리인 이중성 때문이다. 모순의 극적 조화 또는 이율배반의 정의 등도 그 연장선상에서 같이 원용된다. 쉽게 표현하면 가난한 장인은 가난하기도 하지만 그 가난 속에 부자인 원리가 담겨 있다는 의미다. 장인은 가난을 가난으로 생각하지 않는 경향성

을 띠면서 현실의 가난한 상황을 개의치 않는다. 그 결핍한 상황만을 늘 현재 상황으로 느낀다. 장인은 늘 부의 원리에 들어가 있다는 점이다. 이를 통해 부의 본질과 항상 숨을 쉬는 본성을 절대 버리지 않는다. 이처럼 가난에 초연한 장인의 의식은 부가가치가 큰 재화나 상품을 만들어 낸다. 부자가 돼도 가난한 정신을 잊지 않는다. 장인에게 결국 빈-부 차이가 없다. 빈곤함과 부유함은 장인의 의식에서 대칭성을 띨 뿐이다. 장인이 가난하다는 것은 빈-부 대칭성을 통해 장인 자신의 DNA를 지켜가려는 강력한 생명력이자 자존감이다. 장인의 가난은 가난이 아니다."

Q. 장인정신이 중요하다는 의미로 들린다. 장인은 지속성을 장담할 수 없지만 장인정신은 변하지 않는 항상성(恒常性)을 뜻한다는 것인지.

A. "부족함 또는 결핍의 극적 상태를 유지하는 노력이 장인정신이라고 했다. 이 상태는 에너지를 충전하고자 하는 상태의 지속이다. 장인들에게 이 정신은 '결핍의 행복'이다. 충전과 방전의 임계선상에서 조화를 계속한다. 마치 자동차의 배터리가 달리면서 방전과 충전을 지속하는 상황과 유사하다. 특별한 상황이 아니면 에너지가 과잉 충전되거나 아예 소진될 일을 만들지 않는 것이 장인정신의 항상성(恒常性)이다. 장인정신은 만족과 불만족의 평형 상태에 있다. 만족은 일 가치에 대한 성과이고 불만족은 자신의 성과에 대한 반작용이다. 장인정신은 그래서 늘 치열한 현실의 문에 들어가 있는 사람들이다. 만족과 불만족이 동시에 있거나 모두 없는 강한 교란 현상까지 지속된다. 이를 통해 힘든 현실을 변함없이 마주대하면서 동시에 그것을 이겨내기 위한 발걸음을 뚜벅이처럼 멈추지 않고 나아간다. 이는 고도화된 현재주의

다. 과거와 미래를 생각하지 않는 현재주의는 높은 집중력을 발휘하도록 해
준다.”

Q. 결핍의 행복이라는 말이 와 닿는다. 부족하지만 행복하다면 자신의 직업적 자존감
   이나 자신감 등이 큰 상태 아닌가.

A. “충전이 음극과 양극의 전하를 최대한 분리해 놓은 상태인 것처럼 배터리
는 극성의 결핍이 에너지의 충전 상태다. 음전하를 갖고 있는 전자의 이동성
을 최대한 차단해 놓는 것은 전자의 극적 결핍이다. 양전하를 향한 이동성은
행복을 향하는 길이지만 방전(죽음)이다. 결핍함은 살아 있음인 동시에 안정
또는 완성을 향한 조화의 대기 상태다. 진짜 행복은 결핍함과 완성의 대기상
태다. 또한 행복은 결핍으로 인한 운동성이 있을 때 갖게 되는 감정이다. 안
정이나 완성의 지속이 갖는 행복감은 오래가지 못한다. 장인의 직업적 자존
감이 큰 것은 완전을 지향하는 의지 자체에 있다. 지금 당장은 부족하지만
부족함을 채워가는 과정이 장인에게는 가장 큰 행복이고 그것이 자신감을 만
든다. 이는 자연의 기본 원리인 순환성, 대칭성, 반복성과도 연결되는 개념
이다.”

Q. 장인정신에 자연의 원리가 있다면 순환성, 대칭성, 반복성이 장인정신에 어떻게 깃
   들어 있다는 것인가.

A. “자연과 생명은 끝없이 순환한다고 했다. 순환은 원운동이지만 움직임 자
체로만 보면 파동적 성격이다. 만물의 원리를 보면 두 운동 모두 가속운동을
하면서 앞으로 나가는 운동을 한다. 원운동일 경우는 변증운동이고 파동성일

경우는 교란성이다. 변증과 교란의 공통점은 스스로 운동의 동인(動因)이 된다는데 있다. 장인정신도 변증과 교란처럼 자신의 의지를 극(-)과 극(+)으로 주고받으며 자신만의 길을 정하고 앞으로 나아간다. 원운동과 파동성의 공통점은 대칭성에 있다. 대칭성은 극(창)과 극(방패)의 모순(矛盾)을 상호 극복하고 품고 하면서 힘을 쓰는 자발적 의지다. 이는 포기할 줄 모르는 끈기를 갖게 한다. 반복성은 공간대칭의 운동량 보존, 시간 대칭의 에너지 보존가 원리가 기반이 된 기술적 숙련도를 키우게 한다. 장인의 숙련도는 끊임없는 작용-반작용 운동량과 주기성을 갖는 에너지가 반복적으로 복합돼 습관이 되는 과정이다. 이 습관이 시공간(현실)을 동시에 움직이면서 높은 부가가치가 창출된다. 장인에게 고도화된 습관은 마치 태양과도 같은 자발적 운동 에너지가 된다. 3차원 시공간 좌표상에서 움직이는(시간차원) 장인의 노력(운동량+에너지)은 쉽게 식지 않는 이유가 이 같은 원리 속에 있다."

> "지칠줄 모르고 포기할 줄 모르는 장인(匠人) 정신은 어떤 상황에서도 의존적이지 않는 마음 때문에 초인적인 능력을 발휘하게 된다. 그들은 부(富)의 씨앗을 열심히 심고 가꾸면서도 돈만을 쫓지 않는 진정한 네트워크 분산형 일 가치를 실천해 인류애까지 품고 있다."

Q. 결핍과 충만, 만족과 불만족, 속박과 자유 등도 대칭성이다. 그 순환이 부의 가치가 되는 이유는.

A. "장인의 자발적 의지는 지구의 공전처럼 나선형 자기순환이다. 태양이 은하계 중심을 향해 돌며 나아가는 가운데 태양을 따라 지구도 전진을 하면서 공전을 한다. 이 같은 자연의 변증운동은 자발성을 띠었다. 인간의 경우는 의지가

결핍과 충만을 이어주는 매개 역할을 하면서 변증운동을 한다. 결핍할 때 충만을 향해 자발적 의지가 일어나고 충만할 때 결핍을 대비한 자발적 의지가 대기를 한다. 또 결핍과 충만은 있음과 없음에 따라 의지의 존재를 가르기도 한다. 결핍이 완전하면(방전, 없음) 의지가 사라지고 충만이 완전하면(충전, 있음) 의지가 탄생된다. 이 극적 임계상태는 찰나의 순간이다. 의지가 유무상생 또는 유무합일의 대칭적 조화(힘)를 통해 순환과 반복을 지속하도록 돕는다. 결핍과 충전은 외부의 힘을 받지 않고 스스로 힘을 만들어 나아간다. 이 원리가 자발적 선순환이다. 장인정신은 자연의 자발적 의지를 닮았다. 인간도 자연의 일부라는 것을 감안하면 장인정신의 자발적 선순환 의지는 어쩌면 당연한 원리다. 인류는 이를 통해 수많은 부가가치를 만들어 내 왔다. 장인에게 만족과 불만족, 속박과 자유도 자발적 선순환을 가능하게 하는 요소들이다."

Q. 장인정신의 의지에 대한 설명이 알듯 모를듯 하다. 장인의 속성에 대해 쉽게 이해될 수 있는 설명은 없나.

A. "장인의 전문성은 변하지 않는 습관성으로 요약된다. 이는 반복되는 노력을 쌓아 계단을 만들면서 올라가는 강인한 의지에 따른 결과다. 이 때 과정의 가치에 몰입하기 때문에 책임감이 장인정신의 가장 중요한 요체다. 스스로 부여한 책임에서 속박되기를 지속적으로 자청하면서 그것을 자유로 만끽한다. 책임감을 통해 존재감을 끊임없이 확인해 간다는 것이다. 책임감 속에서 세상에 대한 겸손이 자연스럽게 따른다. 자신을 평형상태로 관리하면서 오만 자체를 잘 모른다. 이 의식은 사랑의 범위를 확장한다. 가족애를 넘어 국가애 · 인류애를 향한다. 이를 실천한 장인들이 역사적으로 즐비하다. 장인의 가장 중

요한 공통점 3가지는 책임, 겸손, 사랑이다. 이들 요소는 부자가 되는 조건이자 부자로 남는 조건이다."

Q. 장인이 되거나 장인정신이 있으면 결론적으로 부자가 된다는 설명으로 들린다. 때로는 올곧은 장인이나 장인정신이 부자가 못될 수도 있지 않나.

A. "앞서 언급했지만 장인이나 장인정신은 빈부에 초연한 모습이다. 욕심을 갖지 않는다고 해서 목표가 이루어지지 않는 것이 아니다. 욕심이 탐심으로 발전하는 것을 제어하는 운전대가 초연의 정체다. 초연 속 장인정신을 포기하지 않는다면 결과적으로 부를 거머쥔다. 때로는 장인들이 부를 이루지 못하는 경우가 없는 것은 아니다. 하지만 그들이 생각하는 부의 기준이 다르다. 이들이 분산의 네트워크를 행사하는 주역들이다. 끝없이 자신의 재능과 노력을 분산할수록 돌아오는 부가 확정되지 않는다. 그 부의 사각지대에서 생을 마감할 수도 있다. 대부분 큰 성공을 거두거나 부자가 되지만 일부는 안타까운 처지를 벗어나지 못한다. 하지만 그들은 결코 가난하다고 생각하지 않는다. 이들은 하나의 밀알이 되기를 주저하지 않는다. 작은 씨앗이지만 풍요의 땅을 만들 수 있다는 자신감이 있다. 이는 도덕률의 실천과정이다. 요란하게 떠들고 자랑하지 않아도 장인의 태도 자체가 신뢰라는 가장 고급스러운 옷을 입고 있다. 이들의 부는 자신에게로만 향하지 않고 가깝게는 이웃, 크게는 인류를 향해 있다. 장인은 가난해도 결코 가난하다고 할 수 없다."

Q. 장인이 부를 일구고 확대하는 과정에서 수없이 닥치는 역경들을 어떻게 헤쳐 나가는지 궁금하다. 장인은 위기를 돌파하는 특별한 능력을 가졌나.

"자발적 의지를 강하게 갖고 있는 장인(匠人)들의 특성 속에는 자연의 기본 원리들인 순환성, 대칭성, 반복성 등이 있다. 이를 통해 장인들은 과거 · 미래에 빠지지 않은 현실만의 강한 에너지로 모두에게 이로운 부의 본질을 일으키고 있다."

A. "장인은 외부로부터 수혈되는 과실을 원하지 않는다. 역경이 닥쳐도 타인이나 외부의 도움을 청하지 않는다. 오로지 본인이 판단하고 결정하려는 의지가 강하다. 이 때 시공간을 움직이는 강한 에너지가 발산된다. 이 힘을 통해 무한한 현실을 창조할 수 있다는 확신을 의심하지 않는다. 이 때 과거 · 미래가 없이 현재를 절대화 하는 무소유가 일어난다. 사후에 소유의 개념이 사라지듯 소유는 살아있는 삶의 개념이다. 장인들은 살아 있음에도 현재 관념으로 소유 개념을 없앨 능력을 갖췄다. 무소유의 현재주의는 어떤 위기도 돌파할 힘과 인내심을 준다. 이 때 자신의 내면으로부터 고난과 난관을 극복할 실질적 대안들이 수시로 제시된다. 직관, 통찰, 공명, 교감 등이 그것이다."

Q. 현재의 절대화 또는 무소유의 현재화라는 개념을 자세히 설명해 주었으면.

A. "장인들은 직관에 많은 의지를 한다. 직관은 독립적이다. 의존적인 것을 지속적으로 거부한 가운데 직관이 일어나기 때문이다. 의식이나 의지가 강한 에너지를 발휘할 수밖에 없다. 직관은 자신의 시공간(현실) 길을 만들어 가면서 그 길을 방해하는 물적·영적 요인들까지 정리할 능력까지 갖추게 된다. 새로운 현실을 고난 속에서 창조하는 일이다. 장인들은 나아가 창조가 완성되는 것을 굳이 원하지 않기에 더 많은 현실 속으로 몰입하는 것을 자연스럽게 한다. 몰입은 현재를 더 강화시키는 부스터 역할을 해준다. 직관 능력이 강해지면서 고난과 위기를 타개해 나간다. 직관이 때로는 현실과 동떨어진 의식이나 태도 같지만 가장 현실과 밀착하는 방식인 것이다. 치열한 현실을 극복할 강한 내공을 가진 장인들의 자발적 멈춤이 없는 한 모두에게 이로운 부가가치가 지속적으로 생산된다."

Q. 장인들이 욕심을 버리고 늘 초심을 유지하고 있는 비결이 궁금해진다. 그 핵심에 몰입이 중요한 역할을 한다는 것인가.

A. "몰입은 장인에게 돈의 자기분산을 유도하는 역할을 한다. 몰입하는 장인에게 돈은 소유가 아니다. 돈은 스스로 네트워크형 분산으로 확산되면서 장인의 현재화를 강화시킨다. 현재화는 과거·미래를 감안하지 않고 기억의 잔상을 꺼내지 않는 강한 몰입의 결과로 나타난다. 음악이나 연극, 미술, 조각 등 예술작품에 흠뻑 몰입될 경우의 느낌이 그 연장선장에 있다. 또한 책임 있는 사랑에 몰입될 때도 현재화를 느낀다. 돈은 스스로 작동하면서 분산돼 장인의 몰입을 돕는다. 이 때 장인은 몰입을 통해 시공간에 태풍을 일으키듯 영향력을

발휘한다. 자신이 만들어 낸 부가가치가 사방으로 퍼져나가면서 부의 씨앗을 뿌린다. 밤 하늘의 수많은 별들이 끊임없는 핵융합으로 빛을 만들고 원소들을 만들어 우주에 뿌리듯 장인정신도 마치 별들의 삶처럼 인류에게 위대한 부를 선사한다."

(15) 부의 본질 5 - 운명의 진실

Q. 책에서는 운명을 숙명이 아닌 자유의 한 형태로 보고 있다. 자유의지로 운명을 개척할 수 있다면 인간에게 정해진 운명이 없다는 것인가.

A. "운명을 논하려면 앞 챕터 '현실의 문'과 '가난한 장인(匠人)'에서 현재와 현재주의에 대한 언급을 다시 한 번 곱씹어야 한다. 우선 현재만 있다면 운명 자체를 논하기 어렵다. 과거·미래가 모두 현재로 연결돼 있다면 운명은 정해진 것이지만 그 현재가 또한 아무것도 정해지지 않았다면 운명 또한 정해진 것이 없다. 현재주의 역시 마찬가지다. 자신과 주변의 운동상태에 따라 변하는 시공간의 무수한 변형 때문에 현재단면(현실)이 무수히 바뀌는 것을 감안할 경우 운명은 정해지지 않았다. 하지만 무수히 변하는 과정 속에서 매 순간 집중하는 현재주의에 강력히 몰입할 때 과거·미래가 존재하지 않기 때문에 운명은 정해진대로 나아간다. 현재만 있거나 현재주의에 몰입할 때 그리고 현재가 정해지지 않았거나 현재가 무수히 변형되는 상태의 지속과정은 이처럼 다르다. 자유는 운명의 이 같은 있음과 없음에 모두 걸쳐져 있다. 다시 말해 운명이 정해진 상태에 있기도 하고 운명을 만들어 가는 상태에 있기도 한 것을 이용하는 주체가 자유의지다. 자유는 정해진 운명에 발을 담그고 있지만 자유의지가 그 발을 움직이도록 해 정해지지 않는 운명을 끝없이 개척하도록 한다."

Q. 논리적으로 모순인 상황을 마치 수사(修辭)로 합리화 하는 듯한 느낌을 받는다. 운명이 있는 것인지 없는 것인지 보다 명확하게 설명해 주었으면.

A. "운명이 있고 없고를 논하는 것은 중요하지 않다는 의미다. 운명을 어떻게 받아들이는 태도가 중요하다는 뜻이다. 실제로 운명은 존재하지만 존재하지 않는다. 존재하는 운명이 무수히 실시간 분기하며 인간에 의해 확률적으로 선택된다. 확률이 무한 확률이기 때문에 운명은 결국 모른다에 수렴된다. 앞서 현재주의에 몰입할 때 오히려 운명이 정해져 있다고 하는 것은 무한 경우의 수를 감안하면 운명을 개척한다는 의미로 받아들여야 한다. 정해진 운명이지만 개척으로 받아들이는 태도가 중요하다는 맥락이다. 실제로 현재단면만이 존재하는 현재와 그 현재에 몰입하는 현재주의는 운명이 정해진 방식이 다르다. 앞의 현재는 정해지지 않는 운명과 연결고리가 없지만 뒤의 현재주의는 정해지지 않는 운명과 연결고리를 갖는다. 현재주의에 대한 몰입은 자유의지다. 이 자유의지가 정해진 것이 없는 현재나 운동상태에 따라 무수히 변형하는 현재단면들에 개입하면 운명은 개척 대상이 된다. 수없이 새롭게 발생하는 현재단면들을 타고 다니는 자유의지는 '운명적인 길을 개척한다'는 표현이 어울린다. 정해진 길이 무한히 정해져 있지만 그 무한성 때문에 정해지지 않는 확률을 선택하는 과정이다."

> "시공간 좌표계에서 에너지 흐름이나 질량의 운동성이 정해져 있는 것이 운명의 정체다. 이처럼 확정된 운명체계에서 인간은 좌표계를 움직일 수 있는 강한 의식과 자유의지를 통해 특정 운명을 거부하면서 수없이 다양한 운명의 선택자(개척자)가 될 수 있다."

Q. 이해하려고 해도 어려워 잘 정리되지 않는다. 운명은 주기적으로 순환한다는 것이 동양적 관점이다. 운명은 그런 식으로 정해진 것 아닌가.

A. "곡선의 면적을 구할 때 사용하는 구분구적(적분)은 공차(公差) 수열로 만들어진 특정 사각형을 무한히 쪼개야 하는 개념을 도입해야 한다. 이때 사각형으로 발생하는 곡선에서의 면적 차이가 사라져간다. 이를 수렴한다는 용어로 쓰면 '같지만 같지 않다'는 의미가 통한다. 무한히 쪼개기에 같다고 해도 맞고 아무리 무한히 쪼개도 완전히 같은 것과는 또 다른 개념 역시 맞다. 운명도 있음이 무한 분기하면서 없는 쪽으로 수렴해 있음과 없음이 공존한다. 즉, 운명적인(정해진 운명이) 길이 무한히 쪼개지기에 운명은 동시에 정해졌다고 보기 어렵다. 이는 운명이 일정한 주기로 순환을 한다는 의미와 같다. 정해진 운명이 새로운 운명의 길로 수렴해 간다고 해도 정해진 운명을 완전히 벗어날 수 없는 원리 속에 순환이 있다는 것이다. 운명의 주기적인 순환성은 운명의 있음과 없음이라는 얼개에 기막히게 들어맞는다."

Q. 순환성이라는 의미는 알겠지만 운명의 있음과 없음이 어떤 방식으로 존재한다는 뜻인지.

A. "앞서 '에너지 현상' 챕터에서 나선형 변증운동에 대한 설명을 했다. 이를 다시 상기해야 한다. 순환은 늘 새롭지만 반복되는 순환은 그 자체가 운명이다. 자연의 섭리는 순환의 기하학인 원 운동(또는 파동성)을 기저로 한다. 이 원 운동은 대부분 전진하면서 나아가는 나선형 변증운동이다. 테제(정)-안티테제(반)-진테제(합)가 지속되면 원 운동이다. 이 운동이 특정 방향으로 직진성을 띠는 것이 만물의 원리가 됐다. 자유 또는 자유의지가 이런 운동의 원리

속에 있다. 자유와 의식은 변증운동을 기본 원리로 테제와 안티테제가 돼 상호 존재를 확인하면서 진테제인 자유의지로 나아간다고 했다. 이 순환성이 원 운동이다. 이 때 자유의지는 더 큰 자유(정)가 되고 더 큰 의식(반)으로 나아가면서 더 큰 자유의지(합)를 만든다고도 했다. 이처럼 나선형 변증운동이 운명을 개척하는 자유인의 모습인 것을 안다면 자유의지가 소중하게 다가오는 느낌을 받는다. 이 때 운명적인 부가가치가 탄생하면서 부의 확장성이 지속된다. 운명의 주기적인 순환성은 자연과 생명의 에너지 공장과 같다. 반복되는 인간의 도전적인 운동성을 통해 수없이 다양한 부가 창출된다. 우리는 그것을 다시 운명으로 간주한다."

Q. 순환성을 통해 드러나는 부가가치는 늘 일정하지 않다고 본다. 때로는 마이너스 부가가치가 되기도 한다. 자유의지가 개척하는 운명적인 부의 길이란 무엇인가.

A. "다시 강조하지만 운명의 길이 무한성인 이유는 개인 간 영향을 미치는 상대적 운명 때문이다. 그런데 네트워크에서 무수히 분기되는 운명이 경쟁을 촉발하고 부가가치를 창출한다. 상호 부가가치를 창출하는 과정 속에서 운명적인 길이 선택되기 때문에 부가가치는 특정인에게 마이너스가 되기도 한다. 하지만 전체적인 부가가치는 반드시 상승하는 곡선을 탄다. 자유시장의 속성이다. 자의반 타의반 속 사람들의 운명은 숙명적인 자유인의 생명이다. 경쟁 속 이방인이지만 그것을 탈피하고자 하는 자유인이다. 이방인과 자유인의 이중성이다. 자유인의 중심에서 에너지가 움직이고 시공간을 주도하는 현실이 만들어진다. 시공간의 주인이 되면서 운명을 개척하는 숙명조차 또 다시 개척하는 자유인의 운명들이 모아져 부가가치가 증가한다. 자유시장을 근간으로 한 문

"운명은 있기도 하고 없기도 하는 이율배반의 진실이 있기에 운명의 유무는 중요하지 않다. 네트워크형 삶에서 무한 경우의 수로 분기되는 운명을 어떻게 대하느냐에 따라 부(富)를 개척하고 만들어 내는 능동적 운명을 소유하게 된다."

명의 속살이다. 오늘날 수많은 부의 탑은 운명을 논하고 또한 탐하는 가운데 쌓여졌다. 이것인 운명적의 부의 길이 됐다."

Q. 운명적인 길을 가야 하는 인간은 부의 탑을 쌓는 것이 정해져 있다면 고통과 고난이 점철된 길을 가야 한다는 것 아닌지.

A. "고통과 고난이 따르는 미지의 길을 항해하는 것은 행복이다. 생명의 속성이고 자연의 원리다. 수많은 파도들이 순항을 방해하지만 그 조차 생명의 원천이다. 저항의 요소들이 자유인의 운명에 빛을 밝혀주는 등불이다. 자유인의

장벽들이 밝히는 등불을 통해 길을 찾아가는 삶이 행운의 주인공들이다. 이들 수많은 등불들이 자유시장을 비춘다. 모두가 행복한 길을 갈 수 있는데도 그것을 거부하는 일단의 사람들이 물론 있다. 스스로 불행을 끌어안고 불행을 원망하는 처지는 마치 늪에 빠진 상황처럼 벗어나기 힘들다. 자유의지가 가득한 자유인의 행복이 무엇인지 실체를 알았다면 고통과 고난의 실체가 삶의 일부라는 것을 받아들이게 된다."

Q. 누구나 편하게 살기를 원한다는 것을 생각해 보면 누구에게나 고통·고난이 행복이라고 설파하기는 쉽지 않다. 이를 받아들일 수 있도록 설명할 운명론적 근거가 있다면.

A. "운명은 살아있는 운동성이다. 움직이지 못하는 것은 삶의 마감이다. 죽음을 원하는 사람은 없다. 고통·고난이 이어지는 운동성이 축복인 이유다. 이 은총의 운동성은 에너지의 흐름이고 시공간 좌표를 갖는다. 보이지 않는 시공간 좌표이기에 4차원 이상의 좌표계다. 보이지 않는 곳에서 나선형 변증운동이 작동하기 시작하면 현실의 운명적 흐름도 유사하게 움직이면서 순환성을 따른다. 60초, 1시간, 24시간, 30일(한달), 4개월(계절), 1년, 10년, 12년, 60년, 120년, 360년 등이다. 이 순환체계에서 우리가 축복하는 특정 시점의 좌표들이 매우 많다. 1년에 한번 꼭 이벤트를 하는 생일은 대표적이다. 환갑, 진갑, 팔순 등은 생명의 이어짐에 대한 축복의 좌표계다. 결혼, 창업, 개국도 마찬가지다. 개인, 회사, 국가가 탄생한 좌표계다. 사계절과 24절기가 변하는데 따른 계절의 변화나 추수의 기쁨도 고통·고난을 수반한 행복한 시공간 순환의 좌표다."

Q. 좌표라는 용어를 책의 본문에서 많이 다뤘지만 수학적 사고가 약한 사람들은 이해하기 어려운 표현이다. 순환의 좌표가 어떤 의미를 갖는지.

A. "데카르트가 발견하고 창안한 좌표는 자연을 보는 마법의 눈이다. 인간의 눈으로 보기 어려운 수많은 물체의 위치나 운동성을 좌표를 통해 보게 됐다. 더불어 그 좌표를 통해 보이지 않는 이동하는 물체들을 통제 가능하게 됐다. 시계와 좌표를 통해 전 세계인들은 특정 시공간의 정해진 좌표를 공유하면서 치밀한 현대문명의 효율을 극대화 시켰다. 좌표는 곧 운명을 개척하는 자유의지에게 큰 부의 문을 열게 해주었다. 좌표계에서 표현되는 순환의 원운동은 인간의 오감으로 인지되지 않지만 삼각함수라는 절묘한 도구에 의해서 드러난다. 원운동은 0과 0의 교점인 기준을 중심으로 동일한 반지름을 필요로 한다. 순환의 매순간 위치변환 좌표는 반지름과 특정 각의 크기만 알면 삼각함수를 통해 구해진다. 아무리 큰 거시의 순환이나 360도를 넘는 무수히 다양한 순환이 있어도 특정 위치에서의 좌표를 알아낼 수 있다. 순환하는 운명 또한 무한히 분기하면서 무한한 운명들이 많아지지만 인류는 특정 시점이나 위치에서 이를 알아낼 수 있는 도구(좌표)를 활용하고 있다."

Q. 운명을 알아낸다는 것은 예측할 수 있다는 의미로 들린다. 그렇다면 다시 원점으로 회귀해 여전히 운명은 정해져 있다는 것 아닌가.

A. "운명의 진실을 반복해 설명했지만 끝내 흑백논리로 갈라야 하기를 원하는 사람들이 대부분인 것이 틀리지 않다. 순환하는 반복성을 통해 운명을 어느 정도 예측하는 것은 가능하다. 그 예측이 자연의 원리상 상당한 타당성을 갖는다. 하지만 명리학이나 사주 또는 역학을 공부한 전문가들을 보면 운명을 완벽하게 예측하는 경우는 없다. 이는 이들의 공부가 약해서가 아니다. 이 분야 학식이 아무리 뛰어나도 운명을 100% 맞추는 것은 불가능하다. 그것은 전술했

지만 무한성 때문이다. 생명을 유지하는 삶이 현실이고, 그 현실이 운명이라고 할 때 생명과 현실은 삶과 시공간 간의 상호작용을 통해 무수히 많은 순환이라는 운명의 중심에 있게 된다. 우리는 이 순환 속에서 무한히 많은 현실을 마주한다. 절대 모르기에 절대 개척해야 할 현실은 누구에게나 매순간 이어진다. 굳이 운명을 알려고 하지 않는 강인한 자유의지가 원하는 현실을 운명적으로 만들어 낸다. 운명은 그래서 원하는 대로 소유할 수 있다."